LE THÉATRE CONTEMPORAIN

I0751292

LES ÉTOUFFEURS DE LONDRES

OU

LA TAVERNE DES SEPT-CADRANS

DRAME EN CINQ ACTES

PAR

MM. PAUL FOUCHER ET JAIME

EPRÉSENTÉ POUR LA PREMIÈRE FOIS, A PARIS, SUR LE THÉATRE DE LA GAIETÉ, LE 25 MAI 1847.

DISTRIBUTION DE LA PIÈCE.

HOPKINS, chef de la police (premier rôle).	MM. DELAISTRE.
EDGARD, lieutenant de dragons (jeune premier rôle	ALBERT.
LE MARQUIS DE LINDSAY (père noble).	EMMANUEL.
JONATHAN, secrétaire de Hopkins, jeune comique	FRANCISQUE.
EPHRAIM. sous-officier (utilité)	
ROGER THORNCLIFF, chef de la bande des étouffeurs (premier comique)	SERRES.
BLETSON (deuxième comique ou grime)..	CHARLET.
BOB, étouffeur	CASSARD.
PARTRIDGE, étouffeur	MM. FOURNEL.
NORTON, armateur de Londres	ÉDOUARD.
DICKSON, dragon	HIPPOLYTE.
UN BATELIER	DARCOURT.
UN DOMESTIQUE de Hopkins	LAISNÉ.
LE SECRÉTAIRE de Cromwell	BRÉMONT.
GARÇONS TAPISSIERS	FONBONNE. BACHELET.
MEDGE, mère d'Edgard (mère noble)....	Mmes ABIT.
ALICE, fille de Lindsay (jeune première).	TANESY.

— Tous droits réservés —

ACTE PREMIER

Un lieu désert sur le bord de la Tamise. D'un côté, un grand mur, avec une porte condamnée, à droite du public. A gauche, une masure abandonnée; au fond, la Tamise.

—

SCÈNE PREMIÈRE.

MEDGE, EDGARD.

(Au lever du rideau, Medge est assise sur une pierre, à gauche, et Edgard entre par la droite.)

EDGARD. Chère mère...

MEDGE. Mon Edgard... tu le vois... je suis exacte au rendez-vous.

EDGARD. Vous avez bien trouvé l'endroit que je vous avais indiqué.

MEDGE. Et tu vas me dire pourquoi cet air si agité, hier, en arrivant à Londres... en me quittant le soir pour retourner à la caserne; et pourquoi ce rendez-vous de ce côté du rivage?

EDGARD. Il est voisin du lieu où nous devons nous rendre, et nous pourrons ici causer en liberté... (Remontant la scène, et regardant à gauche.) Cinq heures à peine à l'horloge de la cathédrale... J'ai une heure à moi... avant qu'elle arrive.

MEDGE, avec une malice douce. Elle!... Ah! il est question d'elle?... Si tu m'avais écrit ça... je ne me serais pas tant fait de mal... J'aurais compris ton trouble, ton hésitation... Et maintenant, j'espère que tu vas me dire qui elle est... elle!... D'abord, je veux tout savoir!

EDGARD. Et vous le pouvez, vous en êtes sûre d'avance!... Depuis que les papistes révoltés se sont emparés d'Oxford, vous n'ignorez pas, ma mère, que j'ai été envoyé, avec un détachement, pour les observer au village de Norwich, mon pays et notre ancienne résidence. Vous souvenez-vous, qu'il y a huit ans, nous avions là, pour voisin, l'ex-intendant d'un seigneur catholique, un certain Williams?

MEDGE. Avec une jolie petite fille nommée Alice, dont la mine, à la fois douce et fière, eût fait envie à l'enfant d'une princesse.

EDGARD. Eh bien, ma mère, je l'ai revue... il y a peu de temps.

MEDGE. Toi?

EDGARD. Oui... j'étais à peine arrivé à Norwich... des cris se font entendre dans le village... J'accours précipitamment... Un vieillard était étendu sanglant, assassiné!... c'était Williams. La pauvre Alice, à ses côtés, pleurait et se lamentait, et des soldats furieux criaient: « C'est la fille de l'intendant du marquis de Lindsay, du défenseur de Charles Ier... C'est une papiste, qu'elle meure aussi! »

MEDGE. Ah! pauvre jeune fille!

EDGARD. Je l'arrache à grand'peine à la fureur de ces assassins... Je les contiens... J'aurais voulu les punir... Mais, dans ces temps de révolution, la justice ne remonte pas jusqu'aux vainqueurs. Le père de la pauvre jeune fille n'existait plus... Je la fis recueillir dans une maison isolée du village... Là, j'allais la voir, la consoler tous les jours...

MEDGE. Et tu l'as aimée?

EDGARD. Qui ne l'eût aimée... si charmante... si malheureuse!... Mais enfin l'ordre fut donné au détachement de revenir à Londres...

MEDGE. Alors, grand désespoir... et pour tous les deux, j'en suis sûre.

EDGARD. Ma mère...

MEDGE. Tiens!... Si elle ne t'avait pas aimé, elle eût été bien difficile...

EDGARD. Que faire?... La laisser au milieu d'étrangers à qui ses douleurs et ses infortunes étaient à charge!... Alors je lui ai dit: « Alice... je suis un soldat, et ce que je n'ai pu vous apprendre quand vous étiez enfant, je dois vous l'avouer aujourd'hui... Je n'ai pas de nom à vous offrir, car je suis orphelin... et j'ai été recueilli moi-même par pitié... »

MEDGE. Pauvre Edgard!

EDGARD. «Mais... j'ai une mère adoptive qui veille sur moi... un ange!...»

MEDGE, *interrompant*. Edgard...

EDGARD. Oh! je ne peux pas changer ce que j'ai dit, ma mère... vous m'avez annoncé que vous vouliez tout savoir... « Ma mère, lui ai-je répété, c'est une austère puritaine qui ne cite point à tout propos les livres sacrés, qu'elle ne sait même pas lire, mais elle en porte au cœur les saints préceptes... et, pour moi, son amour semble en avoir réalisé tous les miracles... Eh bien... elle vous accueillera comme sa fille... et, quand vous aurez partagé son affection avec moi... oh! alors vous ne vous plaindrez plus de partager notre pauvreté... »

MEDGE. Et qu'a-t-elle répondu?

EDGARD. Pouvait-elle ne pas accepter avec reconnaissance? Alors, il a été convenu qu'elle resterait deux jours de plus à Norwich pour réaliser le peu que lui a laissé son père; et qu'ensuite elle viendrait à Londres vous demander asile... Mais quoi! ma mère, vous semblez interdite?... Mon Dieu! aurais-je trop présumé de votre affection?

MEDGE. De mon affection?... Jamais!... Mais, pour partager un asile, il faut en avoir un.

EDGARD. Comment?

MEDGE. Depuis quelque temps, je manquais d'ouvrage... il y a tant d'agitation dans Londres!... L'homme bienfaisant chez qui j'étais logée a disparu subitement... et, hier, son corps, tout brisé, a été retrouvé dans la Tamise.

EDGARD. Grand Dieu!

MEDGE. C'est une des victimes de cette bande d'étouffeurs qui fait trembler toute la ville...

EDGARD. Les infâmes!... Mais vous, ma mère... achevez... achevez!

MEDGE. L'héritier de la victime m'a chassée de la maison... et j'ai été recueillie par une pauvre amie, à qui je ne puis demander de recevoir ta fiancée.

EDGARD. Mais vous étiez donc réduite à cette extrémité, ma mère?... Quoi! tandis que vous m'envoyiez des présents, de l'argent même, que j'ai pu accepter?... Ah! j'aurais dû le deviner... il en a été toujours ainsi... Je dois mon existence, mon éducation à vos sacrifices... Et ma solde, si faible, n'est pas même exactement payée!... Il est donc écrit que toujours vos bienfaits envers moi vous auront tout coûté!...

MEDGE, *avec élan*. Laisse donc!... ce qui rapporte aux enfants, est-ce que ça peut jamais coûter aux mères! Mais, c'est égal! de la tendresse et de la pauvreté, ça ne suffit pas pour s'établir.

EDGARD. Ma mère...

MEDGE. Tu le comprendras toi-même... et, si tu n'avances pas en grade, je ne vois guère moyen que tous deux vous soyez unis.

EDGARD. Oh! ma mère, ne me dites pas cela!...

MEDGE. A moins que Dieu ne nous vienne en aide et ne me fasse découvrir...

EDGARD. Et quoi donc?

MEDGE. Mais nous n'aurons pas assez de bonheur pour ça... Enfin, cette pauvre enfant, nous ne la laisserons pas sans appui... Et c'est en ce lieu qu'elle doit venir?...

EDGARD. Non, mais ici près, place des Sept-Cadrans... elle descendra à l'auberge de l'honorable Roger Thorncliff.

MEDGE. Là, elle pourra attendre que nous lui trouvions une protectrice.

EDGARD. Venez, ma mère.

MEDGE. C'est pourtant ici que s'arrête, je crois, le bateau qui vient de Norwich?

EDGARD. Oui... Mais, pour mieux éloigner les soupçons, elle a dû partir par le voiturier d'une ville voisine... afin qu'on ne sache pas même, ici, le lieu de sa première résidence...

MEDGE. A merveille!... je te suis...

SCÈNE II.

JONATHAN, MEDGE, EDGARD.

JONATHAN, *entrant par la gauche*. C'est bien l'endroit que mon maître m'a indiqué... Tiens! mais je ne me trompe pas... c'est mistriss Medge et le lieutenant Edgard!

MEDGE. Ah çà! mais cette figure...

EDGARD, *lui donnant la main*. C'est ce brave Jonathan!

JONATHAN. Et la santé, mistriss Medge?... Une payse de ma mère, ça me fait plaisir à revoir... ainsi que votre fils... et pourtant il est plus grand que moi... Je n'aime pas les hommes qui sont plus grands que moi... ça me vexe... mais, lui, je l'affectionne... et vous aussi, mistriss Medge... et pourtant, ça n'était pas dans le sang... car ma mère... j'ai su ça depuis que je ne vous ai vue... elle avait une dent contre vous...

EDGARD. Contre ma mère?

JONATHAN. Et une fière encore!... Dans le temps, elle avait dû épouser votre mari... Est-ce que je sais, moi!... Enfin, quand vous êtes tombée malade à la naissance de votre enfant... quand vous le lui avez donné à nourrir en même temps qu'Edgard...

MEDGE, *cherchant à l'interrompre*. Oh! c'est un triste souvenir...

JONATHAN. Son lait n'a pas profité à votre petit... il n'y a qu'Edgard qui ait vécu...

EDGARD, *à Medge*. Ce n'est pas moi que Dieu aurait dû vous garder!

MEDGE, *à Edgard*. Tais-toi, tais-toi!... est-ce que ce n'est pas toujours un fils que Dieu m'a laissé!... Mais ne pensons plus à tout ça... (*A Jonathan.*) Tu aurais mieux fait de nous dire pourquoi te voilà si bien mis.

JONATHAN. C'est en rapport avec l'éducation... A Norwich, le shérif m'avait fait élever; il s'était dit: « Ce gaillard fera un excellent magistrat, à l'audience... Il a déjà le sommeil très-dur... » A preuve que, depuis que je suis venu chercher fortune à Londres... j'ai dormi sur pas mal de noyaux de pêches... j'ai fait quatorze métiers... Mais enfin je peux dire: Au dernier le bon.

EDGARD. Et qu'est-ce que tu es donc maintenant?

JONATHAN. Je suis le secrétaire du glorieux Hopkins, Hopkins le saint, le plus austère de tous nos puritains, le bras droit de Cromwell, le glaive de Dieu, et la lumière de Sion... comme ils l'appellent; et, quand il prononce ses discours, c'est moi qui souffle cette lumière... Je les arrange même quelquefois, ses discours... et ça rentre dans ma vocation, dans ma véritable vocation... J'étais né pour être avocat.

MEDGE. Toi?

JONATHAN. Oui... j'ai découvert ça chez mon avant-dernier maître... un mercier...

EDGARD. Comment, un mercier?

JONATHAN. J'embrouillais toujours les écheveaux... Mais, pour en revenir au glorieux Hopkins, vous savez qu'il a été chargé par Cromwell de diriger sa police...

EDGARD. Je ne lui en fais pas mon compliment... Comment, au sein d'une ville aussi peuplée que Londres... des misérables ont osé établir un repaire!...

JONATHAN. Ça fait frémir... Les malheureux qu'ils entraînent dans leurs piéges se trouvent pris entre deux cloisons qui se resserrent... ensuite une trappe les précipite dans l'eau, et chaque jour on y retrouve des corps défigurés...

EDGARD. Et avec ces indications, vous avez découvert?...

JONATHAN. Rien du tout... Il paraît que le chef de ces bandits est un homme terrible, audacieux, insaisissable...

EDGARD. Insaisissable, soit... mais, qu'on me donne quinze hommes de bonne volonté... et je fouillerai si bien le sol, que j'en ferai sortir ces abominables bourreaux!

JONATHAN. Allons donc!... quand mon glorieux maître y a échoué!...

MEDGE. Oui... votre maître... Je ne sais pas... mais quand on doit veiller à la sûreté de tous, et que tant de familles sont dans l'inquiétude ou le désespoir... à sa place, voyez-vous... (la main sur son cœur) je n'aurais pas ça tranquille... (Cris éloignés.)

JONATHAN, vivement. Silence, mistriss!... vous oubliez que vous parlez de celui qu'un peuple entier admire.

LE PEUPLE, en dehors. Vive Hopkins!

MEDGE. Mais...

JONATHAN. Silence, le voici!

MEDGE, remontant la scène. Oh! je lui dirais bien à lui-même... (Avec un cri de surprise.) Ciel!...

EDGARD. Qu'avez-vous donc, ma mère?

MEDGE, à Jonathan. Cet homme vêtu de noir... c'est là ton maître?... le saint... le vertueux Hopkins?

JONATHAN. C'est lui... en personne...

MEDGE. Oh! mais je ne me trompe pas... je veux lui parler... il faut que tu me présentes à lui...

JONATHAN. Pour que vous lui disiez des injures?... Ça ne me ferait pas avancer...

EDGARD. Ma mère... voici l'heure, et Alice va vous attendre...

MEDGE, à part. C'est vrai... et devant Edgard, parler à cet homme... Oh! non... c'est impossible!... (A Jonathan.) Eh bien!... plus tard, Jonathan... j'ai une requête à adresser à ton maître...

JONATHAN. Hein?...

MEDGE. Je compte sur toi pour parvenir jusqu'à lui. Viens, viens, Edgard... (Ils sortent par la droite.)

SCÈNE III.

JONATHAN, seul. Elle l'invective! et, après ça, elle veut lui demander quelque chose!... En voilà une qui change facilement d'idée!... Dans un temps de révolution, ça doit lui être fort utile.

SCÈNE IV.

HOPKINS, JONATHAN, PEUPLE.

TOUS. Vive le grand, le vertueux Hopkins!

HOPKINS. Mes amis, mes chers amis, modérez vos transports, je vous prie; je n'aspire qu'à l'honneur de vous être utile! Mon seul vœu, c'est de secourir les infortunes de mes frères et d'assurer le triomphe de notre sainte cause.

TOUS. Vive Hopkins!

HOPKINS. Ah! mes frères! mes frères! point de blasphème; gloire à Dieu seul, et vive l'Angleterre!

JONATHAN. Je suis ému!... Je suis fier d'être attaché à ce patriarche.

HOPKINS. Allez, mes amis, mes enfants.

TOUS. Vive Hopkins!... (Ils se dispersent.)

HOPKINS, regardant la maison de droite. C'est ici le grand mur... la maison avec la porte condamnée... Ce misérable, que j'avais fait parler au pied de l'échafaud, ne m'avait pas trompé.

JONATHAN. Milord...

HOPKINS. Milord!... ce vain titre à moi?

JONATHAN. Maître!...

HOPKINS. Maître!... Ne me parle pas ainsi, tous les hommes sont frères et égaux... J'ai une prière à t'adresser... Amène-moi une escouade de watchmen bien armés... qu'avant un quart d'heure, au plus tard, ils soient ici.

JONATHAN. J'y vais, monseigneur. (A part.) Est-ce qu'il va me faire prendre le métier de coureur pour mon seizième état? (Il sort.)

SCÈNE V.

HOPKINS, seul. Être obligé de jouer encore mon rôle pour un seul imbécile!... Mais les imbéciles sont bavards. (S'approchant du mur.) J'ai enfin découvert le repaire des étouffeurs! et je puis me réserver auprès de Cromwell le mérite du châtiment de ces misérables!... Mais je parle de châtiment comme si je n'étais pas menacé moi-même... comme si je pouvais désormais dormir un jour... une heure tranquille... moi, naguère vivant au hasard, pour suivre la fortune, j'ai pris une route où tant d'autres ont trouvé l'infamie ou la mort. A force d'adresse, d'audace... honneurs, richesses, j'ai tout obtenu; maintenant, je suis estimé, puissant, et cependant j'ai peur! « Hopkins, m'a dit Cromwell en revenant de la dernière campagne, à la bataille de Worcester, emporté par mon cheval, dans les rangs des royalistes, j'ai dû la vie à la générosité du marquis de Lindsay... Informe-toi du pays où il se cache, fais-lui savoir que Cromwel, sauvé par lui, lui fait grâce à son tour, et lui offre un poste élevé, s'il veut se rallier à la cause de l'Angleterre. Ce n'est pas tout, a ajouté Cromwell, tu as acheté les biens de ce proscrit dans la révolution... Dès que Lindsay sera retrouvé, ou, à défaut de Lindsay, un enfant ou un héritier qui porte ce nom béni par moi... en leur faveur, je te rachèterai ces biens... » Mais Cromwell ignore que ces biens, qui composent toute ma fortune, ont été acquis au moyen d'un acte faux, dont la nullité, inaperçue dans un temps de troubles et de commotions, serait infailliblement constatée au moindre examen sérieux... et le crime une fois prouvé... c'est la ruine, la honte .. (d'une voix étouffée) c'est le gibet!... Et Cromwell, ce scrupuleux usurpateur, me ferait payer sans pitié la maladroite soustraction d'une fortune, afin de m'apprendre qu'un austère puritain... ne doit jamais voler... moins qu'une couronne... Enfin, Lindsay ne reviendra peut-être jamais en Angleterre... J'ai le temps de parer le coup qui me menace... Songeons à mes fonctions, que je remplis peut-être pour la dernière fois, grâce à la nouvelle faveur que j'espère adroitement arracher à Cromwell... Où me placer?... Cette masure abandonnée... Oui, c'est cela... Pendant que mes hommes entreront dans ce repaire... de là, je pourrai tout observer sans péril... (Il entre dans la masure, en face du grand mur, à gauche.)

SCÈNE VI.

LINDSAY, NORTON, puis HOPKINS.

LINDSAY. Non, laisse-moi, Norton... c'est ici que passe le bateau qui va à Norwich... et je veux le prendre... je veux partir...

NORTON. Y pensez-vous?... Mais le village de Norwich est occupé par une bande d'égorgeurs fanatiques... Il est déjà imprudent de vous montrer au grand jour dans Londres... malgré votre déguisement...

LINDSAY. Oui... et ce qui est plus qu'imprudent... ce qui est coupable... c'est de t'exposer en même temps que moi, toi, mon digne Norton, qui m'as recueilli, caché...

NORTON. Oh! milord, ne parlons pas de moi, l'humble constructeur de vaisseaux, que vous avez tant obligé quand vous étiez riche et puissant... Mais, pour vous prouver ma reconnaissance, j'aurais voulu, je vous l'avoue, vous rendre un peu plus prudent.

LINDSAY. Que veux-tu!... si je suis revenu à Londres... ce n'était pas le mal du pays qui m'y a ramené... cette patrie a été pour moi trop ingrate... Je voulais revoir mon enfant... mon Alice... Hélas! Norton, elle ignore même que c'est à moi qu'elle doit le jour... Proscrit en même temps que Strafford, sous le règne de Charles Ier, prévoyant les malheurs qui allaient fondre sur l'Angleterre, j'ai voulu qu'elle fût élevée par Williams, mon intendant; j'ai exigé qu'elle passât à tous les yeux, aux siens même, pour la fille de cet honnête serviteur... Je ne pouvais faire partager à cette enfant ma vie errante et fugitive... Mais maintenant, vois-tu, Norton, il faut à tout prix que je revoie ma fille, il faut que je l'embrasse... c'est plus qu'un désir... plus qu'un vœu, c'est un délire!... Et Williams, qui, depuis deux mois, ne me répond pas, qui ne l'amène point... qui ne m'envoie même pas le portrait qu'il m'avait annoncé... Son portrait... ç'aurait été du moins une consolation, un espoir... car, vois-tu, Norton, je l'ai quittée tout enfant, et maintenant, je ne connais plus ses traits...

NORTON. Mais, milord, je vous supplie...

LINDSAY. Rends-moi un service encore! Tu lui remettras cet écrit, que je t'ai confié, et qui contient mes dernières volontés... Plus heureux que moi, tu retrouveras peut-être les traces de mon Alice.

NORTON, remontant dans le fond. Comptez sur moi, milord... et pardonnez-moi de vous dire que, si ce doit être le jour de votre départ d'Angleterre, je ne remplirai jamais assez tôt votre vœu.

HOPKINS, reparaissant. Oui... je crois que cette masure est placée on ne peut pas mieux... (Apercevant Norton et Lindsay.) Quels sont ces hommes?

NORTON. Encore un mot... S'il arrivait, milord, quelque message de Cologne?...

HOPKINS, *sans être vu*. De Cologne!... la résidence du Prétendant!...

LINDSAY. Fais-le-moi parvenir au nom de sir Richard Brown, à Norwich, chez Williams.

HOPKINS, *de même*. Je me trompais, sans doute.

LINDSAY. Rien ne paraît sur la Tamise.

NORTON. Je vous le disais... le bateau peut tarder encore longtemps à passer... et vous voir ici, à cette heure, vous qui n'avez aucune grâce à attendre de Cromwell... vous me l'avez dit cent fois...

HOPKINS, *toujours à part*. Voilà qui est bizarre...

LINDSAY. Oui... et cependant, j'ai donné à son parti l'exemple de la clémence.

NORTON. Que voulez-vous dire?

LINDSAY. A la bataille de Worcester...

HOPKINS, *à part toujours*. Worcester!...

LINDSAY. Un officier supérieur du parlement fut emporté, de notre côté, par son cheval... Le cheval s'abattit, et il engagea, sous son poids, les deux bras de son maître...

HOPKINS. Tous les détails que m'a donnés Cromwell!...

LINDSAY. Je pouvais le tuer... je n'avais qu'à armer un pistolet... « Relève-toi, ai-je dit à cet officier, et apprends que les cavaliers du roi Charles ne frappent pas un ennemi sans défense... Celui qui te fait grâce est le marquis de... »

NORTON. Silence!... Pas ce nom, du moins...

HOPKINS, *à part*. Il m'est inutile...

NORTON. Et vous ignorez quel est l'homme que vous avez sauvé?

HOPKINS, *à part*. Je le connais, moi... J'en sais assez. (*Il rentre dans la masure.*)

LINDSAY. La visière de son casque était baissée... D'ailleurs, crois-moi, Norton, il n'y a que les ingrats qui se souviennent des bienfaits, et c'est pour les punir...

NORTON, *remontant*. Des pas de ce côté!... Milord, il faut fuir à l'instant!

LINDSAY. Pourquoi?

NORTON. Une escouade de watchmen qui se dirige vers cet endroit même... et à moins que vous ne teniez à ne jamais revoir votre fille...

LINDSAY. Oh! oui... ma fille... Viens, Norton. Pour elle, j'exposais ma vie... pour ma fille encore je veux être sauvé!... (*Ils s'éloignent par la gauche.*)

SCÈNE VII.

HOPKINS, *puis* JONATHAN.

HOPKINS, *seul*. Lindsay à Londres!... Lindsay... chez Norton, le constructeur de vaisseaux!... Lindsay si près de moi!... Oh! il ignore que Cromwell le cherche pour le récompenser... Mais, s'il vient solliciter sa grâce à Londres... sa première démarche sera ma perte... ma perte infaillible!... Oh! il ne faut pas l'attendre... il faut qu'il disparaisse... dès demain... dès aujourd'hui... Mais comment trouver des instruments assez discrets?...

JONATHAN, *avec les watchmen, entrant de la droite*. Nous voici, maître... à vos ordres...

HOPKINS, *à part*. Quelle idée!... (*Haut.*) Je vous avais fait venir pour une expédition périlleuse... très-périlleuse... Mais je l'entreprendrai seul...

JONATHAN. Quel courage!... Maître, nous vous en laisserons toute la gloire...

HOPKINS. Dispersez-vous à une centaine de pas... Si je fais feu d'un de ces pistolets, vous accourrez... autrement, que nul n'approche...

JONATHAN. Oh! je n'approcherai pas, maître... (*A part.*) C'est étonnant, quand il y a du danger... je ne tiens plus à savoir ce qui se passe... Ce que c'est que d'être discret... (*La nuit commence à venir.*)

SCÈNE VIII.

HOPKINS, *puis* ROGER THORNCLIFF.

HOPKINS, *seul*. Bien armé, et portant toujours sous mes vêtements une double cuirasse à l'épreuve du fer et de la balle, je n'ai rien à craindre. Voilà bien la porte que m'a signalée le dénonciateur... Qui dirait, à voir tous les indices de vétusté dont on l'a laissée surchargée, que cette porte s'ouvre toutes les nuits? Dans un des côtés doit être un anneau rouillé, presque imperceptible... Je ne l'aperçois pas... Ah! si fait... En tirant seulement cet anneau, une cloche retentit à l'intérieur... (*Il tire l'anneau.*) On va venir, sans doute; tenons-nous sur nos gardes. (*La planche du milieu de la porte s'ouvre; Roger Thorncliff paraît à la droite du spectateur.*)

ROGER. Un étranger...

HOPKINS, *à part*. Roger Thorncliff... c'est bien cela... Oh! j'ai affaire à un rusé compère!

ROGER. Hopkins... le chef de la police!... Il m'a vu... je ferai aussi bien de me montrer tout à fait...

HOPKINS. Je ne m'attendais pas, je l'avoue, maître Thorncliff, à voir ici paraître, dans un lieu en apparence si éloigné de votre taverne, le patron hospitalier des Sept-Cadrans.

ROGER, *à part*. Peut-être ne sait-il que la moitié du secret... (*Haut.*) Oui, milord doit être fort étonné; on ignore que j'ai fait pratiquer cette ouverture pour mes arrivages de la Tamise... Mais que milord ne croie pas que c'est pour me livrer à la contrebande...

HOPKINS. Qui, moi? Digne Roger!... chercher une paille dans l'œil de mon frère, quand peut-être une poutre est dans le mien... Votre présence, au contraire, me prouve que des renseignements calomnieux m'avaient amené ici...

ROGER. Quels renseignements, milord?

HOPKINS. On m'avait dit que cette issue conduisait dans le repaire des étouffeurs...

ROGER, *à part*. Il sait tout.

HOPKINS. Mais, du moment que c'est le digne Roger Thorncliff qui répond à ce signal, tous mes doutes doivent être dissipés... et ce n'est que pour la forme que je vais procéder à une enquête, et faire descendre par cette porte l'escouade que j'attends et que je vais appeler...

ROGER, *à part*. Je suis perdu! (*Haut.*) Un instant, de grâce, milord...

HOPKINS. Hein?... qu'avez-vous à me dire?

ROGER, *à part*. Il ne bouge pas... je crois qu'il n'est pas venu ici pour me perdre.

HOPKINS. Pouvez-vous éclairer la justice par quelque révélation, honorable Roger?

ROGER. Non, ce n'est pas une révélation que j'ai à vous faire, milord... c'est une conjecture que j'ai à vous soumettre...

HOPKINS. Et laquelle?

ROGER, *à part*. Allons, de l'aplomb! (*Haut.*) J'ai idée que le digne et vertueux Salomon Hopkins, le favori du lord Protecteur, l'édification de toute l'Angleterre, désirerait avoir plutôt affaire au chef des étouffeurs qu'à Roger Thorncliff.

HOPKINS. Ce serait donc dans la cruelle nécessité de le punir?

ROGER. Non... mais dans la nécessité plus cruelle encore de l'employer.

HOPKINS, *réprimant un mouvement*. Maître Roger... vous ne connaissez pas l'humble homme de bien à qui vous parlez...

ROGER. C'est-à-dire que je le connais seul... (*A part.*) J'ai touché juste... (*Haut.*) Oui, le digne et vertueux Hopkins a peut-être quelque ennemi qui le gêne... oh! quelque ennemi de sa patrie et de sa croyance...

HOPKINS. Et ce serait à vous qu'il s'adresserait?

ROGER. Pour soutenir une sainte cause, tous les moyens sont bons! (*A part.*) Je suis le plus fort, jouons serré... (*Haut.*) Il me venait encore une idée, milord... Le poste de chef de la police a bien des dangers, entraîne à bien des fatigues... Il n'est plus digne des qualités éminentes de l'homme habile qui peut monter un jour si haut...

HOPKINS. Dites plutôt que des fonctions qui me forcent à punir sans cesse me sont pénibles...

ROGER, *à part*. Double hypocrite, qui grimace encore quand on lui a enlevé son masque. (*Haut.*) Ces fonctions conviennent mieux, en effet, à un cœur endurci... à la pitié... Tôt ou tard, le charitable Hopkins présentera pour sa place actuelle un successeur à Cromwell... Et le meilleur moyen de venir à bout des étouffeurs et des bandits de tout genre qui infestent Londres, serait...

HOPKINS. Eh bien?...

ROGER. De prendre leur chef.

HOPKINS. Maître Roger... cette plaisanterie...

ROGER. Peut devenir sérieuse, milord. Vous êtes venu ici pour faire mon métier... Il est bien juste que je vous demande à me charger du vôtre.

HOPKINS, *à part*. Il le faut... je puis tout promettre... (*Haut.*) Si, en effet, en épargnant le sang du chef de ces misérables, en lui donnant le moyen de réparer ses crimes, on pouvait arriver plus sûrement à faire disparaître de Londres ses nombreux complices, la clémence serait peut-être permise!

ROGER. Très-bien parlé, milord; et pour commencer l'œuvre de ma conversion, quel est l'homme dont il faut vous délivrer? (*Silence.*)

HOPKINS, *après avoir vu au fond si personne ne peut entendre*. Il est, en effet, une tâche douloureuse que j'ai dû m'imposer, mais je sacrifie tout au devoir. (*A mi-voix.*) Un papiste, un ennemi de Dieu et de l'Angleterre.

ROGER. Ne l'avais-je pas prédit

HOPKINS. Envoyez un homme sûr chez Norton, le constructeur de vaisseaux...

ROGER. C'est à deux pas.

HOPKINS. Il demandera sir Richard Brown, il lui dira que l'homme auquel il a sauvé la vie sur le champ de bataille veut lui faire rendre ses biens et sa liberté. On l'attendra, ce soir, place de l'Arsenal.

ROGER. Ici même?

HOPKINS. A huit heures; on lui dira : « Worcester; » il répondra : « Cromwell. » Qu'il vienne seul, il y va de sa vie.

ROGER. Ce sera fait... Et cet homme?...

HOPKINS. Je le verrai moi-même ici... je tirerai l'anneau, vous ouvrirez... j'aurai soin de l'introduire, et, sitôt la porte refermée sur lui...

ROGER. Soyez tranquille.

HOPKINS. Bientôt huit heures. Envoyez au plus vite ce billet. Je puis compter sur vous?

ROGER. Comme moi sur Votre Seigneurie; nous sommes condamnés ensemble... à la confiance à perpétuité. Nous pouvons mutuellement nous faire pendre... (Hopkins s'éloigne par le fond; Roger rentre. — Nuit complète.)

SCÈNE IX.

ALICE, UN BATELIER.

(Le batelier s'arrête au fond du théâtre; Alice en descend.)

ALICE, au batelier. De grâce, conduisez-moi à la place des Sept-Cadrans.

LE BATELIER. Ça m'est impossible; il faut que je ramène mon bateau sur l'autre bord de la Tamise... Mais, en prenant de ce côté, vous y arriverez... Bon voyage, ma belle enfant! (Il remonte sur son bateau.)

ALICE. Oh! mon Dieu!... seule... à cette heure... dans cette ville où jamais je ne suis venue... Quelle fatalité!... La voiture où j'étais, brisée... obligée de prendre ce bateau de Norwich, par lequel je ne voulais pas revenir... Oh! du moins, souvenons-nous des recommandations d'Edgard... cachons à tous mon nom, ma croyance, le lieu d'où je viens... Mais comment retrouver mon protecteur?... Je n'ose faire un pas... Oh! mon Dieu, prenez pitié de moi!... (Elle cherche à se diriger dans l'obscurité.)

SCÈNE X.

ALICE, LINDSAY.

LINDSAY, tenant un billet à la main. Puis-je croire à cet étrange message?... Le bonheur... la liberté... le droit d'embrasser librement ma fille... tout cela... on me promet tout cela!

ALICE, qui a rencontré le mur. Non... ce n'est point par là... Que devenir?... (Elle aperçoit Lindsay et pousse un cri.) Ah!...

LINDSAY. Une jeune fille!

ALICE. Pardon... pardon, monsieur, je ne vous voyais pas... Ne me faites pas de mal!

LINDSAY. Rassurez-vous, mon enfant... Mais, seule, à cette heure?

ALICE. J'arrive à l'instant par la Tamise.

LINDSAY, vivement. Par le bateau de Norwich, peut-être?...

ALICE. Non!... oh! non!... je viens du village de Liwington.

LINDSAY, à part. Oh! mon Dieu! qu'il y a de douleurs dans une espérance trompée!

ALICE, à part. Dieu me pardonnera ce mensonge... Edgard le veut. (Haut.) Je me nomme Jenny Asthon... et je suis orpheline.

LINDSAY. Orpheline!... J'avais cru déjà distinguer... (A part.) Délire d'une imagination qui cherche partout des traits adorés... et que l'obscurité trompe encore. (Haut.) Où allez-vous, mon enfant?

ALICE. Mon Dieu, monsieur... je ne sais pourquoi... rien qu'à entendre votre voix... je me sens confiance en vous... Je voudrais retrouver la place des Sept-Cadrans, où des amis m'attendent... Si vous daigniez me conduire...

LINDSAY Vous conduire?... C'est qu'ici, à l'instant même... un rendez-vous, d'où ma vie dépend, peut-être...

ALICE. Que dites-vous?... Vous seriez en danger?... Ainsi donc, en même temps que le hasard, une sympathie de malheurs et de crainte nous réunirait!...

LINDSAY, haut. Rassurez-vous, mon enfant, et merci de l'intérêt que vous semblez m'accorder... et que j'éprouve aussi pour vous, croyez-le bien... Si les amis que vous venez chercher à Londres vous manquaient... soyez sûre d'en trouver toujours...

ALICE. Où donc, mon Dieu?

LINDSAY, écrivant au crayon sur des tablettes. Dans la demeure de M. Norton, le constructeur de vaisseaux... Je réponds de lui comme de moi... Ces quelques lignes, quoique tracées avec peine, suffiront pour guider votre mémoire. (Il lui donne les tablettes.) Maintenant, si nécessaire que soit ici ma présence, je vais vous conduire moi-même.

SCÈNE XI.

LES MÊMES, NORTON, puis HOPKINS.

NORTON. Vous, enfin, sir Brown!... Où allez-vous donc?... Quelle est cette jeune fille?

LINDSAY. Ah! Norton, tu arrives à propos... Cette jeune fille, que je viens de rencontrer ici, est seule et sans guide... conduis-la à l'instant place des Sept-Cadrans.

NORTON. Mais vous... vous... pourquoi cette brusque sortie?

LINDSAY. En ton absence, il m'est arrivé un message d'un inconnu qui me promet la liberté au nom de l'homme que j'ai sauvé à Worcester.

NORTON. Quelque piége, peut-être!...

LINDSAY. Oh! qu'importe, après tout, la vie sans la liberté!... D'ailleurs, cet homme connaît ma retraite et sait qui je suis. Si c'est un ami, j'ai raison de me fier à sa parole... si c'est un ennemi, je ne puis pas lui échapper.

NORTON. Cependant... (Huit heures sonnent.)

LINDSAY. Voici l'heure où je dois rencontrer l'inconnu, et il m'attend seul... toi, conduis cette jeune fille... (A Alice.) Adieu!... au revoir, peut-être, pauvre enfant!

ALICE. Merci, monsieur... Ah! s'il est en péril, mon Dieu, sauvez-le!

HOPKINS, qui s'approche dans l'ombre. Worcester!...

LINDSAY. Cromwell!... (Haut.) Que me voulez-vous?

HOPKINS. Je viens au nom de celui que vous avez sauvé sur le champ de bataille.

LINDSAY. Quel est-il?

HOPKINS. Le Protecteur lui-même.

LINDSAY. Se pourrait-il?

HOPKINS. Vous connaissez le sceau du Protecteur... eh bien, la nuit n'est point assez obscure pour que vous ne puissiez distinguer cet anneau... c'est celui de Cromwell. (Il lui montre sa main.)

ALICE, toujours au fond. L'anneau de Cromwell!

HOPKINS, s'enveloppant dans son manteau. On nous écoute...

LINDSAY, se retournant, et à Norton. Norton, je t'avais dit de t'éloigner... Maintenant, tu n'as plus rien à craindre pour moi.

NORTON, à Alice. Venez, miss. (Ils s'éloignent par la gauche.)

LINDSAY, revenant à Hopkins. Maintenant, vous pouvez parler, monsieur, nous sommes seuls.

HOPKINS. Au poste où le sort l'a placé, le Protecteur ne peut vous faire grâce ouvertement encore; il veut auparavant vous voir, vous interroger seul à seul, dans une maison où je vais vous introduire par une porte dérobée. (Il va à la porte, pousse l'anneau; la porte s'ouvre.)

LINDSAY. Je me livre à vous, monsieur; je suis en votre pouvoir. (Hopkins a ouvert.) Mais, si vous me trahissez, que ma mort retombe sur vous! (Il entre, et la porte se referme rapidement.)

HOPKINS. J'en suis à jamais délivré; nul n'osera le réclamer, de peur de s'exposer à la rigueur des lois qui le menacent. Cromwell, échouant dans toutes ses recherches, l'oubliera... ses bonnes dispositions pour lui seront restées inconnues... aucune trace de ma complicité dans tout ceci... je puis être tranquille... Courage, Hopkins! élève-toi sans crainte, car, à coup sûr, c'est à toi de prouver jusqu'où peuvent aller l'intrigue et l'hypocrisie!

SCÈNE XII.

HOPKINS, ROGER, sortant de la droite.

HOPKINS. Eh bien?

ROGER. Mort... au fond de la Tamise!

HOPKINS. Ainsi périssent tous les ennemis de l'Angleterre!

ROGER. Je ne m'y oppose pas... Maintenant, il me faut ma récompense.

HOPKINS. Dès demain, je te l'apporterai à l'auberge des Sept-Cadrans.

ROGER. A demain donc, je l'attends... (A part.) ou j'irai la chercher.

HOPKINS. Qu'a-t-il dit en mourant? Quelque blasphème... quelque plainte sacrilége?...

ROGER. « Cromwell! s'est-il écrié, je t'ai sauvé la vie, et tu me fais assassiner!... »

HOPKINS. Et... rien de plus?

ROGER. « Alice, ma fille... toi que je venais chercher en Angleterre... je ne te verrai plus! »

HOPKINS. Sa fille!... Il a une fille en Angleterre?... Oh! rien n'est fait encore! (Rideau.)

ACTE DEUXIÈME

Intérieur de la taverne des Sept-Cadrans. Les étouffeurs sont réunis, dans une orgie, autour de plusieurs tables, une au fond, une autre à droite, une autre à gauche; le comptoir à droite, porte au fond, portes latérales. Il fait nuit.

SCÈNE PREMIÈRE.

ROGER, PARTRIDGE, BOB, BLETSON, AUTRES BANDITS.

ROGER, chantant.

Musique de M. DELDEVEZ.

A nous Londre et l'Angleterre,
La Tamise et la cité!...
Partout, frappe avec mystère
Notre sombre royauté.
Malheur au bourgeois qui passe!
Pris et disparu sans bruit...
Pas un écho!... plus de trace!
Rien qu'un abîme et la nuit!...
Au sein de la cité qui tremble,
Buvons, amis!... buvons ensemble!...
Mort aux riches voyageurs!
Vivent, vivent les étouffeurs!

REPRISE EN CHŒUR.

Au sein de la cité qui tremble, etc.

(Après le refrain, les étouffeurs trinquent. A la fin du couplet, les brigands, qui ont bu fréquemment, paraissent s'assoupir.)

BLETSON, à part. Tout cela est bel et bon, Roger; mais tu ferais tout aussi bien de ne pas chanter si haut... on peut t'entendre de la rue.

ROGER. Eh bien, quand on m'entendrait... on croirait tout au plus que Roger Thorncliff célèbre, avec quelques amis, une fête de famille... Avant de voler de l'argent, j'ai commencé par voler une réputation... Ça donne du mal... mais, du moins, après ça, on est tranquille.

BLETSON. C'est égal... la prudence...

ROGER. La prudence est dans l'audace.

BOB, balbutiant. Oui.. oui... dans l'audace.

ROGER, à part. Il bégaye...

BLETSON, à part. Et les autres ne peuvent plus parler... (Haut.) Tu as beau dire... un bon brick, voguant sur la Tamise, qui nous emporterait avec notre butin... me plairait mieux que de nouvelles expéditions... L'attention de la police est fixée sur nous... On a vu des watchmen rôder autour de notre entrée secrète... Il y a eu quelque trahison... c'est ce que disaient les camarades...

BOB, bégayant toujours. Oui, il y a eu trahison...

ROGER. Allons donc... (A part.) Qu'ils ne sachent rien, surtout, de mon traité avec Hopkins. (Haut.) La police est payée... pour savoir... et elle sait tout ce qui n'est pas... Point de faiblesse!... haut les verres et trinquons au deuxième couplet.

Semons l'or avec audace;
S'il nous en manquait encor,
L'État pour nous en amasse
Dans les caves du Trésor!
Vers ce but marchons sous terre,
Que rien n'échappe à nos coups!
Et nous pendrons le lord maire
Au gibet dressé pour nous!
Au sein de la cité qui tremble,
Buvons, amis, buvons ensemble!...
Mort aux riches voyageurs!
Vivent, vivent les étouffeurs!

REPRISE EN CHŒUR.

Au sein de la cité qui tremble, etc.

(A la fin du couplet, ils s'endorment tous, les uns sur les tables, les autres dessous.)

ROGER, à part. Ils dorment tous... il n'y a que ce satané Bletson qui ait toujours l'œil ouvert...

BLETSON, à part. Ce diable de Roger... porte le vin... aussi facilement qu'un nourrisson... son déjeuner... Il n'y a pas moyen de le tromper...

ROGER, à part. Il faut remettre à plus tard mon entreprise...

BLETSON, à part. Allons... part à deux... Un peu de probité quand on ne peut pas faire autrement. (Allant vers Roger.) Dis donc... Roger?... ce vieux gentilhomme... que tu nous as fait... expédier la nuit dernière...

ROGER, avec défiance. Eh bien?

BLETSON. Je crois avoir découvert quelque chose...

ROGER, à part. Hein!... se douterait-il de la vérité?...

BLETSON. Il portait un vieux manteau... mais, quand ce manteau est tombé auprès de lui dans la lutte... il m'a semblé entendre résonner de l'or.

ROGER. Comment, tu as entendu?...

BLETSON. Si tu veux, nous irons chercher ce manteau... qui est resté sur le bord de la trappe... et nous empocheront la somme...

ROGER. Et les camarades?...

BLETSON. Oh! ils dorment... Qui dort... partage.

ROGER. Après ça, à en juger par le poids, la somme ne devait pas être très-forte.

BLETSON. Mais tu t'étais donc aperçu aussi?...

ROGER. C'est pour cela... que je l'ai précipité si vite dans la Tamise...

BLETSON. Et même un peu trop vite peut-être.

ROGER. C'est de peur... que, pour sauver sa vie, il ne parlât de son trésor devant les autres. Bletson... nous sommes dignes de nous comprendre. (Montrant ses camarades.) Au diable ces abrutis!... (Lui donnant une clef.) Tiens, entre toi-même dans la salle basse... et rapporte-nous la somme.

BLETSON. Confiance qui m'honore et dont je m'empresserai... (A part.) d'abuser...

BOB, se levant tout à coup, et se plaçant devant eux. Un instant, camarades... je ne dormais pas.

ROGER. Misérable Bob!...

BOB. C'est ainsi que vous vous partagez le butin... pendant que les camarades dorment?... Eh bien!... je vas les réveiller... (Bletson le repousse sur l'avant-scène.)

ROGER. Un instant!... un instant, que diable! (A part.) Rusons... je ne serais pas le plus fort... (Haut.) Eh bien, Bob, je suis forcé de l'avouer... tu as joué ton rôle à merveille... Tiens! et, foi de scélérat... je serais tenté de donner ma démission en ta faveur...

BOB. Très-bien... mais nous verrons si tu en diras autant devant les camarades... (Il fait un geste pour réveiller celui qui est le plus près de lui; même jeu de Bletson.)

ROGER. Ah! tu veux décidément... Tant pis pour toi!

BOB. Comment, tant pis pour moi?...

ROGER. Sans doute... je nierai... et il n'est pas sûr... que tu parviennes à les persuader... tandis qu'il est certain que tu perds une bonne aubaine.

BOB. Hein?..

ROGER. A tout seigneur, tout honneur... Puisque tu nous as vaincus, je voulais payer les frais de la guerre, et nous allions partager avec toi.

BLETSON, bas, à Roger. Qu'est-ce que tu dis donc là?...

ROGER, bas. Sois donc tranquille...

BOB, un peu ébranlé. Mais est-ce bien sûr?...

ROGER. Et pour preuve, je vais à l'instant même apporter les guinées.

BOB. Oui... pour que tu en voles la moitié en route; je ne m'y fie pas...

ROGER. Eh bien... va les chercher toi-même, puisque tu es si méfiant. (Il lui donne la clef.)

BOB. Méfiance est mère de sûreté! (Il prend la clef et sort par une petite entrée latérale à gauche.)

ROGER. Méfiance est mère de sûreté... ce ne sera pas cette fois-ci, du moins... imbécile... qui ne se souvient pas que d'ici je puis faire mouvoir le ressort fatal!

BLETSON. Quoi... tu veux?..

ROGER. Nous débarrasser à la fois d'un complice qui partage et d'un témoin qui peut parler...

BLETSON. Hein!... Et quand je pense que ce qui arrive à Bob... ça allait m'arriver à moi... (On entend un cri étouffé. — Roger fait mouvoir le ressort. — A ce moment, on entend un cri, et les brigands se réveillent.)

PARTRIDGE ET LES AUTRES, se réveillant au bruit. Hein!... qu'est-ce qu'il y a?

PARTRIDGE. Ce cri!... Qu'est-ce que tu as donc fait?

ROGER. Justice, camarades... Il y avait un traître parmi nous, on le soupçonnait déjà... ce traître... c'était Bob.. Des paroles prononcées dans l'ivresse m'ont prouvé qu'il allait nous perdre... Usant de mon droit et de mon pouvoir, je l'ai attiré sous un prétexte... dans la chambre fatale... et je l'ai puni...

TOUS. Bravo!.. vive Roger!...

BLETSON, à part. Ça n'est pas la peine d'être voleur, pour se laisser attraper comme ça...

ROGER. Voici le jour... Que tout reprenne ici une honnête et paisible apparence... Bletson, à ton poste!... (A Partridge et aux autres.) Vous, hirondelles de nuit, reprenez votre route ordinaire, et à ce soir! (On lève une trappe, et tous, à l'exception de Bletson, descendent. La trappe se referme.)

BLETSON. Et moi... le garçon de la taverne... en avant, l'air bête et le tablier de circonstance... (Il prend un tablier sur le comptoir, le met, et va ouvrir le volet de la fenêtre. — A ce moment, il fait jour.)

SCÈNE II.

ROGER, BLETSON.

ROGER. Nous nous retrouverons pour partager la somme.

BLETSON. Oui, mais tu iras la chercher seul... je ne suis pas comme Bob, moi, j'ai confiance... (A part.) Faut que je persuade aux camarades de dissoudre le plus tôt possible la société.

ROGER. Le mieux pour moi est de me mettre en mesure de les faire tous pendre, et ça arrivera... Hopkins n'oserait me trahir... Mais... on s'éveille dans la maison, on vient... Cette jeune fille qui m'a été amenée hier par le lieutenant Edgard et par sa mère...

SCÈNE III.

ROGER, ALICE, venant de la droite.

ROGER. Comment ma jolie et charmante hôtesse, miss Jenny a-t-elle passé la nuit?...

ALICE. A merveille... mon digne hôte... et je vous remercie de tous vos bons soins... je n'en abuserai pas longtemps... Veuillez seulement faire revenir mes bagages; on les retrouvera à l'auberge du *Dragon*, sur le bord de la Tamise, près de Norwich... C'est là qu'est resté tout ce qui compose ma petite fortune...

ROGER, à part. Sa petite fortune... Diable! ça pourrait être une bonne capture...

ALICE. C'est alors que je pourrais reconnaître votre hospitalité touchante...

ROGER. Touchante est le mot... (Haut.) Oh! je ne suis pas inquiet... Jusque-là, miss, ne vous gênez pas, et considérez tout ce que je possède comme à vous...

ALICE. Que vous êtes bon!

ROGER, à part. J'espère qu'il y aura bientôt réciprocité... (Haut.) Dis donc, Bletson, miss Asthon est un peu haut dans la chambre qu'elle occupe... tu songeras à la mieux loger. En attendant, il faut penser à ses bagages.

ALICE. Ah!... je vous recommande un paquet scellé à l'adresse de Medge Jephson.

ROGER, avec une malice de bonhomme. La mère du lieutenant Edgard?...

ALICE, vivement. Oui. Tous deux étaient les amis de mon pauvre père; et même, depuis qu'ils avaient quitté Norwich, c'était chez nous que le shérif ou leurs amis adressaient les envois...

ROGER. Mais, en parlant du lieutenant Edgard, miss, il ne faut pas rougir. D'ailleurs, si vous pensez à lui, je suis sûr qu'il n'est pas ingrat; et la preuve... tenez, c'est que je l'aperçois.

SCÈNE IV.

ROGER, ALICE, EDGARD.

ALICE. Edgard! Edgard!

EDGARD. Miss Jenny...

ROGER. Que peut-on vous offrir, lieutenant Edgard?

EDGARD. Rien... honnête Roger... je me suis échappé un instant de ma caserne, et je vais y rentrer pour la quitter bientôt.

ALICE. Que voulez-vous dire? Cet air triste...

EDGARD. Je viens vous dire adieu. J'ai reçu l'ordre de rejoindre les troupes qui marchent sur Oxford.

ALICE. Que vais-je devenir?

EDGARD. Hélas! l'ordre est formel... il a été signé par le nouveau major général, M. Hopkins, le favori de Cromwell.

ROGER, à part. Que dit-il? Hopkins, major général!... Mais, alors, le poste que je convoite serait vacant. (Haut.) Bletson, veille à tout dans la maison... Au revoir, mes jeunes amis. (Bas.) Je vais aux informations, et malheur à Hopkins s'il se joue de moi! (Il sort.)

SCÈNE V.

ALICE, EDGARD.

ALICE. Est-il bien vrai, Edgard, vous allez me quitter, vous, mon seul appui... ma seule protection en ce monde?

EDGARD. Que voulez-vous, Alice! nous autres soldats, nous ne nous appartenons pas... toujours l'exil... quelquefois la mort!

ALICE. Oh! pas cette funeste image!

EDGARD. Non, non, pardonnez-moi de vous avoir affligée.. rassurez-vous, nous serons réunis. Dieu sait que ma vie est nécessaire à votre défense, il me la conservera... Alice, un amour comme celui que je vous ai voué, c'est plus que du courage, c'est de la force, de la confiance, du bonheur! Pour moi, s'il n'y a plus d'absence quand vous remplissez ma pensée... il n'y a plus de péril quand c'est vous que je vois dans la victoire.

ALICE. Ah! que Dieu vous récompense de ces douces paroles! Aussi bien, Edgard, vous devez épargner votre sang... car je ne suis pas seule à vous aimer... et votre bonne mère...

EDGARD. Ma mère!... oui, je l'attends pour lui dire adieu, à elle aussi, et lui remettre ce billet qu'elle m'a ordonné d'écrire. (Il tire un billet de son sein.)

ALICE. Et à qui?

EDGARD. A celui... que je ne connais pas... que je ne veux pas connaître... celui à qui je dois la vie, qui, pourtant, m'a abandonné... Ah! cette lettre, qui ne porte ni adresse ni signature... est la seule preuve d'obéissance pénible que je lui aie donnée jusqu'à ce jour.

SCÈNE VI.

ALICE, MEDGE, EDGARD.

MEDGE, qui est entrée sur ces mots. Mais aussi, cher Edgard... c'est pour ça qu'elle t'aimera le mieux!...

EDGARD. Et c'est peut-être ce qui nous séparera... Toute ma tendresse est à vous... Que reste-t-il donc à l'autre?

MEDGE. Oh! silence, silence! Laissez-moi achever mon ouvrage, que je puisse vous voir unis... Ah! miss, que mon Edgard vous doive un peu de bonheur... et ma vie entière ne suffira pas pour m'acquitter... Mais, en attendant, vous ne pouvez demeurer ici... Roger Thorncliff est un brave homme, estimé de tout le monde... Mais c'est égal, ce n'est pas pour vous un séjour convenable... Edgard va partir, et, puisque je ne puis plus vous recueillir auprès de moi... nous trouverons asile dans ce quartier, auprès de quelque famille respectable.

ALICE. Ah! madame!...

EDGARD. Ah! je renonce à vous remercier, ma mère.

MEDGE. Allez prendre votre mante et je vous rejoins. Au revoir, Edgard!

EDGARD. Au revoir, ma mère! (Alice sort par la droite, Edgard par le fond.)

SCÈNE VII.

MEDGE, JONATHAN, BLETSON, au comptoir, au fond.

JONATHAN. Alerte, braves gens! le major général Hopkins va honorer cette taverne de sa présence... Vous n'y laisserez entrer personne que moi, son secrétaire, et ceux qui viendraient pour lui.

MEDGE. Le major Hopkins, ici!... Je ne sors pas avant de l'avoir vu.

JONATHAN. Mais c'est impossible!... Le major va prononcer un discours pour enflammer les soldats; il a besoin d'éloquence... Il ne reçoit que moi.

MEDGE. Mais moi... il faut qu'il entende ma prière... c'est sacré...

JONATHAN. Ah! bon... c'est pour une requête... une pétition... alors... il ne vous recevra pas...

MEDGE. Comment! lui, si bon, si charitable... qui, sur les places de Londres, au sortir de l'office, reçoit de toutes les mains...

JONATHAN. Oh! c'est bien différent... parce que, voyez-vous, le bien qu'on fait en public, comme il le dit, on ne peut pas être soupçonné de corruption... Mais, ici, en ce moment, il n'y a que vous et moi... Ça n'est pas assez... pour qu'il puisse répandre en toute sûreté ses bienfaits... Vous ne le verrez pas...

MEDGE, à part. Ne pas le voir... ah! ce serait affreux!

JONATHAN. Mais, je suis là qui jase... Et le déjeuner de mon maître qui n'est pas commandé... Je vas déposer là le discours que j'ai recopié pour le digne major, et causer un peu du menu... (Il dépose le discours sur la table de gauche, et cause au fond avec Bletson.)

MEDGE. Il faut pourtant lui remettre la lettre d'Edgard... Ah! dans ce papier qu'il va lire... (Elle met la lettre dans le discours. — Cris au dehors.)

JONATHAN. Bon! voici justement Son Honneur, que les puritains saluent à leur manière... Ils l'appellent l'arche de Juda... Ne laissons pas longtemps l'arche de Juda à jeun... Au revoir, mistriss Medge... sortez vite... je vous protégerai.

MEDGE. Comprendra-t-il son devoir?... Ah! je tremble... (Cris.) Mon Dieu! veillez sur Edgard!... C'est le major, allons retrouver Alice. (Elle sort. — Nouveaux cris extérieurs de : « Vive Hopkins ! » Jonathan va pour sortir. — Hopkins entre et lui remet un papier.)

JONATHAN. Vous serez satisfait. (Il sort par le fond.)

SCÈNE VIII.

HOPKINS, seul. C'est dans cette maison que se trouve peut-être ma dernière espérance... Depuis hier, je n'ai plus qu'une pensée, cette jeune fille... qui peut s'armer à chaque instant contre moi des titres vengeurs de son père... Quelques mots échappés à Lindsay m'avaient guidé... Il avait parlé de Williams, son ancien intendant, et du village de Norwich... J'y ai envoyé; une jeune fille vivait en effet chez Williams... une fille du nom d'Alice... le dernier mot que Lindsay a prononcé en mourant... Et Williams, que j'ai connu il y a quinze ans, n'avait point d'enfants... Alice est la fille de Lindsay, que celui-ci a voulu soustraire sous un nom obscur aux malheurs qui l'ont frappé lui-même... Mais, maintenant, cette jeune fille a quitté Norwich depuis deux jours... impossible de retrouver sa trace... Est-elle venue à Londres?... J'ai visité moi-même toutes les auberges; rien... il ne reste que celle-ci... Tôt ou tard, d'ailleurs, il me fallait régler un compte avec Roger Thorncliff, mais il est absent en ce moment... Relisons ce sermon que j'ai fait préparer... (Il parcourt le sermon et trouve la lettre.) Qu'est cela?... cette lettre? « A mon père. » (Il lit rapidement.) Et, pour signature : « Votre fils. » Il se fera connaître si mon amour l'adopte... Qui ose me rappeler un pareil souvenir?... Un enfant abandonné à sa naissance!... Qui donc a pu découvrir?

SCÈNE IX.

HOPKINS, JONATHAN, UN GARÇON, apportant le déjeuner, et le dressant sur la table, à gauche.

JONATHAN. Bon! il tient son discours... je l'ai retouché un peu...

HOPKINS, confondu. Et parmi ces papiers...

JONATHAN, à part. On dirait que ça lui fait de l'effet...je vais recevoir une gratification... Le déjeuner de Son Honneur est prêt!

HOPKINS. Ah! c'est vous, mon garçon... Approchez...

JONATHAN. Oui, Votre Honneur... et j'ose espérer, sans vanité, que vous êtes satisfait.

HOPKINS, montrant les papiers. Est-ce à vos bons soins que je dois...?

JONATHAN. A moi seul... et Votre Honneur pourra convenir que je me forme; d'autant mieux que je suis discret... Je vas dire hautement que la chose est de vous tout entière.

HOPKINS. Je l'avoue, je ne me serais pas attendu...

JONATHAN. Milord... est bien bon...

HOPKINS. Vous... mon élève...

JONATHAN. Et ça vous fait honneur, j'espère...

HOPKINS. Vous faire l'interprète d'une réclamation pareille...

JONATHAN. Moi?... Je ne réclame rien... je m'en rapporte à votre générosité.

HOPKINS. Servir d'instrument à une aussi vile calomnie!

JONATHAN. Hein!...

HOPKINS. D'autres puniraient sévèrement tant d'ingratitude... mais, moi, je me souviens qu'un coupable même est encore... mon frère... Je vous pardonne... Sortez. (Mouvement de joie.) Vous n'êtes plus à mon service...

JONATHAN. Ça ne se peut pas!

HOPKINS. Je serais exposé à trop d'occasions de colère et de péché, avec celui qui est entré contre son maître dans un si noir complot!

JONATHAN. Un complot!... Je n'ai ajouté qu'une seule chose... j'ai dit que les soldats de Pharaon...

HOPKINS, avec colère. Sortez, vous dis-je!... et ne me rappelez pas que vous punir est un devoir!

JONATHAN. Je m'en vas... Je suis abruti... je n'y comprends rien... je ne suis pas à la hauteur... mais, si je l'irrite, il me fera pendre... et je n'y serai que trop, à la hauteur... Et moi qui avais promis ma protection à Madge... elle est jolie ma protection!... Je vas chercher mon seizième état.

SCÈNE X.

HOPKINS, BLETSON, puis EDGARD.

HOPKINS. La révélation de cette faute de ma jeunesse démentirait bien mal à propos ma réputation de sainteté... Qui a pu dire à cet imbécile ..? Ah! tout m'accable à la fois... cette Alice que je ne puis retrouver. (A Bletson.) Le maître de cette taverne n'est pas rentré?

BLETSON. Pas encore!

HOPKINS. Eh bien, apportez-moi à l'instant le registre des voyageurs...

BLETSON, le prenant sur le comptoir. Le voici, milord. (A part.) Celui-ci n'est pas compromettant, mais il ne verra pas la partie double...

HOPKINS, parcourant le registre. Voici les nouveaux arrivants depuis deux jours... mais je ne vois ni le nom d'Alice, ni celui de Williams... Oui : « Berthe Broghill, Jenny Asthon... » (Bletson sort.)

SCÈNE XI.

EDGARD, HOPKINS.

EDGARD, entrant. Le major!... il faut que je lui parle... Major...

HOPKINS, brusquement. Que voulez-vous?

EDGARD. Votre appui, général!...

HOPKINS, à part. Du calme, de la politesse. Mais je crois vous reconnaître, mon jeune ami... Vous êtes lieutenant dans le détachement caserné à Saint-Wilfrid?...

EDGARD. Oui, général...

HOPKINS. Et vous n'êtes point satisfait?... L'ambition est un grand vice, jeune homme...

EDGARD. Oh! je ne vous demande rien pour moi... et, si je vous implore, c'est au nom d'une jeune fille que j'aime...

HOPKINS. Que vous aimez?... Ainsi, c'est pour protéger une passion illicite...

EDGARD. Général, vous ne m'avez pas donné le temps de vous dire qu'elle serait ma femme aujourd'hui même, si un ordre supérieur ne me forçait à me rendre au camp, sous Oxford... En tout autre moment, je serais trop heureux d'aller combattre les ennemis de notre liberté et de notre religion... mais la laisser sans protection, sans refuge... car elle est orpheline et étrangère à Londres... Accordez-moi quelques jours.

HOPKINS. Eh bien, jeune homme... puisqu'il ne s'agit que d'un amour pur... je prendrai sur moi de vous accorder le délai que vous me demandez... Bien plus, je m'intéresse à vos vœux... et je ferai tout pour qu'ils soient réalisés.

EDGARD. Est-il vrai... général?... Oh! ma reconnaissance...

HOPKINS. J'y compte... (A part.) Encore un partisan de plus!...

EDGARD. Ah! quelle joie de rassurer mon Alice!...

HOPKINS, à part. Alice!... Ce nom... c'est impossible!... N'importe!... (Haut.) Comment se nomme le père de la jeune fille?

EDGARD. A tout autre je le tairais... mais devant un protecteur si généreux... mon silence serait de l'ingratitude... Son père se nommait Williams... ex-intendant du marquis de... (Il s'arrête, craignant d'achever.)

HOPKINS, finissant la phrase. Lindsay... et réfugié précédemment au village de Norwich!

EDGARD. Quoi! vous savez...

HOPKINS. Et cette jeune fille est à Londres?...

EDGARD. Sous le nom de Jenny Asthon, dans cette auberge même... absente en ce moment... sortie avec ma mère... Mais, dès qu'elle reviendra... elle saura par moi...

HOPKINS. Quand elle reviendra, elle ne vous trouvera plus, jeune homme...

EDGARD. Grand Dieu!

HOPKINS. Je pourrais me plaindre de l'étrange abus de protection auquel vous avez failli m'exposer. Moi vous unir à la vassale d'un papiste!... Ce n'est plus maintenant la discipline, c'est l'intérêt de votre salut même qui exige que vous partiez pour Oxford, et que je vous sépare de cette race de philistins.

EDGARD. Mais, général, écoutez... Son père a été assassiné... elle est seule au monde!...

HOPKINS, à part. Seule au monde!... (Haut.) Lieutenant, le départ est pour midi... passé un quart d'heure, je vous le rappelle avec regret, vous ne serez plus attendu dans les rangs de nos frères d'armes, mais devant un conseil de guerre. Vous m'avez entendu?

EDGARD, après un silence. Mon devoir est d'obéir. (A part.) Ah! un instinct me dit que c'est pour mon malheur que j'ai imploré cet homme. (Il sort par le fond.)

SCÈNE XII.

HOPKINS, seul; puis ROGER.

HOPKINS. J'obtiendrai pour ce jeune exalté une de ces missions glorieuses... dont on ne revient pas... Oui, justement un ordre à porter jusque dans Oxford, jusqu'au milieu des révoltés; il ne me disputera plus Alice. Alice!... Oh! je ne quitterai plus cette taverne sans cette jeune fille...

ROGER, entrant par la droite. Bletson... qu'est-ce qu'on me dit... que le digne major Hopkins honore de sa visite la taverne des Sept-Cadrans? (Avec colère.) L'illustre personnage n'est pas encore servi?...

HOPKINS. Bien... bien... maître Roger... nous ne méritons pas plus d'empressement que le plus humble de vos habitués...

ROGER. Édifiante modestie!... (A part.) Fourbe! après ce que je viens d'apprendre. (Haut.) Mais je me réserve l'honneur de servir seul un hôte si vénérable. (Bletson sort.) J'ai des remerciments à faire au glorieux Hopkins, qui vient sans doute s'acquitter envers moi...

HOPKINS. Comme vous l'avez dit, maître Roger.

ROGER. Mais ne serions-nous pas mieux dans quelque autre partie de la taverne?... Dans cette salle, par exemple. (Il désigne l'entrée latérale à gauche.)

HOPKINS. Dans cette salle où le plancher ferait comme son humble possesseur et s'abaisserait devant moi... Je me trouve très-bien ici...

ROGER. Comme vous voudrez. (Haut.) Le poste de chef de la police qui m'a été garanti par votre parole est vacant... Son Honneur vient sans doute m'en apporter le brevet?

HOPKINS. Oui... hier, j'avais pu vous faire espérer...

ROGER. Quand vous aviez besoin de moi.

HOPKINS. Mais ce titre de tavernier...

ROGER. Est-ce que tout le monde ne parvient pas aujourd'hui?... Harrisson, votre général, d'où sort-il? De l'étal d'un boucher... Et Olivier Cromwell, notre maître à tous... un brasseur!... Il serait curieux que celui qui faisait de la bière méprisât le commerçant qui en débite.

HOPKINS. Mais, parmi tous ceux que vous me citez, je ne vois pas de brigand.

ROGER, éclatant. C'est vrai... il n'y a que toi.

HOPKINS. Maître Roger, vous perdez le respect.

ROGER. Le respect!... quand on s'est coudoyé dans le crime... on peut bien se tutoyer au moment du partage... Hopkins, tu m'as volé ma part... Ce poste qui m'était promis et que je pouvais occuper aussi bien que toi, a été donné à un autre... Il t'en coûtera cher.

HOPKINS. Pas de menace; je ne suis point ingrat, je venais vous apporter un salaire. (Allant se mettre à la table de gauche.)

ROGER. Et lequel?

HOPKINS. L'impunité pour votre passé déplorable; c'est une grave infraction à mes devoirs; mais, aujourd'hui, pour vous soustraire à la vigilance du nouveau chef de la police, des passe-ports, un bateau que je fais équiper exprès, seront à votre disposition...

ROGER. Et tu crois que j'aurais eu besoin de t'attendre pour fuir Londres si je l'avais voulu? Tu crois que je me contenterai de l'impunité pour moi, quand d'un mot je puis empêcher la tienne?

HOPKINS. Il se verse à boire. Vous n'avez qu'à dire ce mot, maître Roger, si vous tenez à être pendu seul... Pas une preuve contre moi... pas un mot de ma main... aucun témoin de notre entrevue... Et maintenant, croyez-vous que la parole de Roger Thornclilf atteindrait jusqu'au major Hopkins?

ROGER. A merveille... et, en effet, avec la conscience aussi tranquille...

HOPKINS, à part. Oui, on ne peut plus tranquille...

ROGER. Oh! il faut pourtant que nos comptes soient réglés à l'instant...

HOPKINS. Voici un morceau d'excellente venaison... Votre cuisinier est plus habile que vous, maître Roger.

ROGER. Possible... tu seras peut-être plus satisfait de l'un que de l'autre... (Il place un papier devant lui.)

HOPKINS. Pourquoi ce papier?

ROGER. Pour qu'un mot qui soit bien de ta main, cette fois, atteste ta complicité et me garantisse de nouveau une récompense.

HOPKINS, riant. Je suis curieux de voir quel moyen vous allez employer pour cela.

ROGER, allant au comptoir, ouvre un tiroir et en tire un pistolet. Celui-ci!... Écris... ou je te vise au cœur, comme si tu en avais un.

HOPKINS, à part. Au cœur... libre à lui. (Haut.) Allons donc, maître Roger, un paisible tavernier comme vous... ennemi du bruit et du scandale. Si je vous ai patiemment écouté... c'est que j'avais des motifs importants pour demeurer ici...

ROGER. Je le devine... Tu restes ici pour me trahir... pour me livrer peut-être... Eh bien, pendu pour pendu, avant la corde, la vengeance et une dernière fois, si tu ne veux pas signer...

HOPKINS. Maître Roger... votre vin est frelaté... Enfin, à défaut de meilleur... (Il se verse à boire et se lève.)

ROGER, tirant sur Hopkins à bout portant. Meurs donc!

HOPKINS, buvant. A ta santé!

SCÈNE XIII.

HOPKINS, ROGER, BLETSON, Voisins.

BLETSON, entrant. Qu'est-ce donc?... qu'y a-t-il?

HOPKINS. Rien... rien... mes amis... Roger Thornclilf me proposait d'acheter une arme... je l'essayais.

ROGER, à part. Comment! l'arme sur le cœur... C'est donc Satan en personne?... Et il me sauve à présent!...

HOPKINS. Je consens à tout oublier, maître Roger... mais je vous engage à faire de même...

ROGER. Allons, je crois qu'il faut quitter Londres... et si je peux ajouter à mes parts de prise... le bagage qu'attend cette jeune fille...

SCÈNE XIV.

ROGER, ALICE, HOPKINS, BLETSON.

ALICE, à part. Impossible de trouver un asile... (Allant à Roger.) J'aurai encore recours quelques jours à votre hospitalité.

ROGER. Trop heureux de vous prouver mon intérêt, miss Jenny.

HOPKINS, à part. Miss Jenny!... c'est elle!

MEDGE, à part. Le major Hopkins!

ROGER. J'ai dû disposer de la chambre que vous habitiez, où vous auriez été mal à l'aise avec vos bagages, et j'ai fait préparer un endroit plus convenable... Si vous voulez, miss, passer de ce côté... et ce soir... (Il ouvre la porte masquée.)

HOPKINS, à part. Que dit-il?... dans le repaire des étouffeurs... Oh! non, il faut qu'elle vive... car sa vie, c'est ma fortune... (Haut.) Arrêtez, miss...

ALICE, s'arrêtant près de la porte. Que voulez-vous, monsieur?

HOPKINS. Un jeune officier, le lieutenant Edgard, a sollicité pour vous ma protection...

MEDGE, à part. Edgard lui a parlé...

HOPKINS. Exaucer sa prière est un devoir pour moi... (Regardant Medge.) Cette digne femme s'intéresse à vous?...

MEDGE, vivement. Oh! oui, monsieur! (A part.) Il ne m'a pas reconnue...

HOPKINS. Vous trouverez près d'elle, dans ma demeure, asile et protection.

ALICE. Ah! monsieur... ma reconnaissance...

ROGER, à part. Démon! j'attendais cette chance favorable... il me l'enlève!

HOPKINS. Miss, désormais ma maison est la vôtre!... Je remercie le ciel d'avoir permis que, pour moi, cette journée fût marquée par une bonne action... Adieu, maître Roger!... Si, pour vos affaires, vous ou vos amis aviez besoin de passe-ports...

ROGER. Merci mille fois, Votre Honneur... je reste à Londres... (A part.) Oui, j'y reste, c'est toi qui m'y enchaînes... malheur à toi!... (Hopkins s'éloigne entraînant Alice; Medge le bénit du regard. — Roger, sur le devant, jette sur Hopkins un regard furieux.)

ACTE TROISIÈME

Le théâtre représente une place de Londres. D'un côté, à droite, l'extérieur de la taverne des Sept-Cadrans, des tables à la porte; de l'autre côté, à gauche, la caserne de Saint-Wilfrid. Au fond, la Tamise.

SCÈNE PREMIÈRE.

EPHRAIM, sortant de la taverne; ROGER, sur le seuil de la taverne; PEUPLE et BOURGEOIS, sur la place; puis DIKSON.

EPHRAIM, au sergent qui le suit. Que Saint-Wilfrid soit préparé pour une cérémonie, par ordre du major... La grande tenue... Sergent Manassès, vous ferez l'appel... (Au peuple.) Vous, mes frères, allez, redoublez d'ardeur pour le triomphe de notre cause... Il faut que les papistes tremblent au sein de Londres comme sur les champs de bataille...

LE PEUPLE, sort en criant. Mort aux papistes!

ROGER. Quel intérêt peut avoir ce misérable Hopkins à montrer tant de zèle!... Si je faisais causer le capitaine Ephraïm son docile instrument... et, en sa qualité de prédicateur, le plus bavard de tous les saints! Dites donc, capitaine, il paraît qu'il y a une cérémonie aujourd'hui, à la caserne de Saint-Wilfrid?

EPHRAIM. A la caserne!... Vous pourriez dire le temple... car c'est l'un et l'autre à la fois... Cromwell, en renversant le parlement des Philistins, a donné pouvoir aux vaillants soutiens de notre cause, pour initier à tous les rites, pour consacrer tous les actes de notre sainte religion... et moi qui vous parle, j'ai déjà fait, pour ma part, depuis hier, deux baptêmes et trois mariages.

ROGER. Je le sais, votre main guerrière a autant de valeur pour bénir une alliance que celle des prêtres papistes... C'est donc pour un mariage que la caserne de Saint-Wilfrid...

EPHRAIM. Oui, et jamais je n'aurai consacré d'union si illustre... Le vertueux Hopkins daigne épouser aujourd'hui une pauvre orpheline qu'il a recueillie.

ROGER, à part. Ah bah!... Alors c'est miss Jenny qu'il épouse?... Je ne m'étonne plus qu'il sacrifie Edgard...

LE SERGENT, sortant de la caserne. Révérend Ephraïm, il ne manque à l'appel qu'un cavalier, envoyé par le major Hopkins au camp, sous Oxford.

DIKSON, arrivant par le fond. Présent!... me voilà!

ROGER. Il paraît accablé de fatigue... Capitaine, vous lui permettrez bien de se rafraîchir un peu... et vous trinquerez avec lui...

EPHRAIM. Oui... mais rien qu'un verre... car j'ai besoin de tout mon esprit. (Ils boivent.)

DIKSON. C'était une triste commission... que le major Hopkins m'avait donnée là... un jeune officier... le lieutenant Edgard...

ROGER, à part. Edgard!

DIKSON. Il fallait qu'il traversât les lignes ennemies, pour jeter une dépêche dans Oxford... c'est une mort assurée... Quand je suis arrivé, hier au soir, au camp, quand le général lui a donné connaissance de l'ordre, — pauvre jeune homme! — tous ses camarades murmuraient. Eh bien! lui, il a ordonné froidement qu'on sellât son cheval au point du jour... Moi, je n'ai pas même voulu le voir partir... je suis remonté à cheval, dans la nuit... et je suis revenu... A l'heure qu'il est, ça doit être fini pour lui...

EPHRAIM. Et nous avons un nouveau martyr dans le calendrier des élus...

ROGER, à part. Ah bah!...

EPHRAIM. Au revoir, maître Roger... (Ils sortent tous, et rentrent dans la caserne.)

SCÈNE II.

ROGER, puis JONATHAN.

ROGER. Le major Hopkins épouse celle qu'il m'a enlevée... Toute la fortune de cette jeune fille, pourtant, c'est le bagage que je me suis chargé de faire revenir, et que j'attends à chaque minute... C'était bon pour un coup de main... Mais Hopkins, qui peut prétendre aux plus riches partis... aller épouser une miss Jenny Asthon, faire une bonne action... il faut que ça lui rapporte beaucoup... (Regardant au fond.) Je ne me trompe pas... ce batelet qui descend la Tamise, c'est celui que j'ai loué au père Norton, l'armateur, pour transporter les effets de la petite... il m'a donné pour le conduire un garçon bien maladroit.

JONATHAN, descendant du batelet. Enfin, me voilà.

ROGER. Oui, après dix heures de route.

JONATHAN. Que voulez-vous, mon digne hôte! je n'étais pas fait pour conduire des bateaux. J'étais peut-être un grand orateur, un Cromwell en graine; mais on a redouté mon éloquence... l'envie m'a étouffé... et j'ai été obligé d'aller demander au père Norton un salaire indigne de mon mérite... J'en suis à mon seizième...

ROGER. Pas tant de paroles, orateur manqué... et songe un peu à me livrer ce bagage...

JONATHAN. Le voici... une caisse qui n'est pas bien lourde... et ce paquet...

ROGER, soulevant la cassette. Pas d'argent, là dedans... (A part.) La perte n'est pas grande... (A Jonathan.) Tiens, pose ça là! (Jonathan laisse tomber la cassette, qui s'ouvre dans la chute.) Maladroit. (Il ramasse un portrait, qui vient de tomber de la cassette.) Un portrait!... c'est celui de la jeune fille... (A part.) Et pas le plus petit diamant sur la monture... Quelle misère!

JONATHAN. Tiens, dites donc, maître Roger, ce portrait s'est endommagé en tombant... et on dirait qu'il y a un secret, mais je ne peux pas l'ouvrir...

ROGER. C'est le manque d'habitude... (Il fait jouer le ressort. — Lisant.) « Alice Lindsay; offert à son père, le marquis de Lindsay. »

JONATHAN. Hein! en voilà une découverte!

ROGER. Tais-toi, et achève... (Jonathan retourne à la barque.) Alice... Mais je me souviens, c'est le nom que ce gentilhomme a prononcé en mourant... c'était son enfant!... Oh! s'il en est ainsi... Je saurai bientôt pourquoi Hopkins s'est délivré de lui et veut s'assurer la main de la jeune fille... Jonathan, je passerai chez maître Norton pour la location de cette barque.

JONATHAN. Ça ne presse pas.

ROGER. Pourquoi ça?

JONATHAN. Parce qu'il ne reçoit personne... Il y a deux jours, figurez-vous, qu'il a retrouvé dans la Tamise un pauvre diable...

ROGER. Vivant?

JONATHAN. Non... car, hier, il l'a fait enterrer... Eh bien, il paraît que ça lui a fait tant de peine, la mort de cet homme qu'il ne connaissait pas, que, depuis ce temps-là, il ne quitte plus sa chambre...

ROGER, à part. Oh! après tout, qu'importe...

JONATHAN. Mais je suis là que je jase... il faut que je ramène la barque...

ROGER. En t'en retournant, porte ce bagage à miss Jenny, chez le major Hopkins... (Gardant le portrait.) excepté cela, pourtant.

JONATHAN. Au revoir, maître Roger... et, si vous m'en croyez...

ROGER. Eh bien?

JONATHAN. N'ayez jamais d'éloquence...

SCÈNE III.

ROGER, seul. Je ne puis dénoncer Hopkins sans me perdre... mais une révélation qui ne livrerait que la moitié du secret... cela, grâce à ce portrait... Je te tiens, Hopkins!... et, quant à ton mariage, il ne faut pas qu'il se fasse... Quelle idée... Il sera peut-être trop tard... C'est égal... essayons!... Vite à cheval... et en route!... (Il rentre vivement dans la taverne. — Hopkins a paru sur la porte de la caserne.)

SCÈNE IV.

HOPKINS, à Ephraïm. Vous avez bien compris, allez. (Seul.) Oui, ce mariage est mon seul moyen de salut... Dès qu'il sera accompli, la naissance d'Alice peut se découvrir... je reste tranquille possesseur de tous ses biens... Une fois Alice à moi par un serment dont, contre son attente, rien ne saurait altérer la valeur, je la laisserai pleurer Edgard... et ensuite il faudra bien qu'elle se résigne à garder ce nom qu'elle aura accepté par surprise. Le tout est de la déterminer, car ce mariage doit avoir lieu aujourd'hui même! (On entend, au dehors, des cris tumultueux.) Voici qui me répond du succès; ces cris de mort, cette effervescence populaire, que j'ai provoqués... ils n'ont qu'un but pourtant!... Depuis deux jours, j'ai soigneusement éloigné cette Medge qui accompagnait Alice... et qui, peut-être, aurait contrarié mes projets... Inquiète de son absence, Alice est allée à sa recherche... Je l'ai permis... Partout, sur son passage, ce tumulte, ces cris, la glaceront de terreur... C'est ce que j'ai voulu...

SCÈNE V.

HOPKINS, MEDGE.

MEDGE, entrant. C'est lui! c'est le major Hopkins!

HOPKINS, l'apercevant. Medge ici!... Que me voulez-vous?

MEDGE. Pardon, pardon, major... vous me voyez inquiète, étonnée... Depuis deux jours, obligée de quitter un instant Alice, quand je suis revenue à votre hôtel, il ne m'a plus été possible de la revoir.

HOPKINS. Mais j'ai été, bonne Medge, aussi surpris qu'affligé de votre absence...

MEDGE. Oh! je sais combien vous êtes charitable et bon... vos gens seuls sont coupables sans doute... Mais j'ai un secret à vous dire... un secret qui m'étouffe... qui brûlait mes lèvres devant Alice...

HOPKINS. Mais ici, en cet instant...

MEDGE. Oh! deux mots seulement... deux mots qui décideront de mon bonheur et du vôtre peut-être.

HOPKINS. Comment?

MEDGE. Dans les papiers que, il y a deux jours, Jonathan votre secrétaire, vous a apportés à la taverne des Sept-Cadrans, vous avez trouvé une lettre?

HOPKINS. C'était vous?...

MEDGE. Moi qui ai saisi ce moyen de vous la faire parvenir, moi qui voulais vous supplier pour un être qui attend de vous son bonheur, son avenir...

HOPKINS. Mais qui donc êtes-vous?

MEDGE. Les années et la souffrance m'ont bien changée... mais il est des dates qui restent gravées dans la mémoire... Le 10 septembre 1628, au village de Norwich, vous avez remis, vous-même, dans votre manteau, un enfant nouveau-né à une pauvre femme... Cette femme, c'était Medge Jephson... c'était moi...

HOPKINS, à part. Damnation!

MEDGE. Vous avez pu m'oublier; mais, moi, je pensais que votre fils aurait un jour besoin de vous, et pas un de vos traits ne m'a échappé.

HOPKINS. Et ce jeune homme... il existe?

MEDGE. Oui, pour vous aimer, pour vous chérir.

HOPKINS. Et... il a su par vous?...

MEDGE. Rien... ni lui, ni personne... J'ai voulu attendre, pour lui révéler votre nom, qu'il pût le bénir... Ce jour est arrivé enfin... Vous allez réparer un tort que, si longtemps sans doute, vous avez déploré.

HOPKINS. Hélas! je le voudrais! Jeune, égaré par les exemples d'une cour dissolue, j'ai pu faillir; mais le Seigneur m'a ramené dans le sentier de la sagesse et de la vertu... Est-il en mon pouvoir de braver la honte et le blâme que l'accusation d'une semblable faute ferait rejaillir sur moi? Non!... j'ai rompu pour jamais avec un passé que je maudis... Que cet enfant, fruit douteux d'une passion coupable, demande compte à cette Dalila, qui fut sa mère, de la justice de ma conduite et de la sévérité de cet abandon.

MEDGE. Qu'est-ce que j'entends là? Mais ce n'est pas vous qui parlez, ce n'est pas monsieur Hopkins le puritain, monsieur Hopkins le saint, qui voudrait punir un enfant de la faute de sa mère?

HOPKINS. Medge, je vous en prie, n'ajoutez pas à ma douleur... Et quand je serais assez faible pour renouer avec le péché, qui m'attestera que cet enfant est bien celui que je vous ai confié, et non un autre... le vôtre peut-être... Où sont les titres?...

MEDGE, avec impatience. Les titres?... Moi, mon Dieu! mais je n'en ai pas...

HOPKINS, à part, avec joie. Que dit-elle?

MEDGE. Ces titres, mais ce sont mes soins, mes veilles, pour lui donner une éducation digne de vous... Ce sont les vœux que j'adressais pour qu'il me fît vous retrouver un jour...

HOPKINS. Songez-y donc, c'est mon nom, ma fortune, que vous me demandez pour lui... Mon nom, dont la souillure compromettrait la sainte cause que je défends... ma fortune, qui appartient à tous les malheureux... lorsque aucune preuve...

MEDGE. Des preuves!... Mais en est-il besoin pour le cœur d'un père?... Des preuves!... Je n'étais qu'une ouvrière, moi, pauvre et malheureuse, quand je suis restée veuve... Pour vivre, pour élever ce pauvre enfant, il me fallait travailler nuit et jour... Mais croyez-vous que je me séparerais de lui si vous seul n'aviez pas des droits que je payerais d'une nouvelle existence de fatigue et de douleur?... Des preuves!... mais est-ce que vous croyez que, si c'était mon enfant, je vous le donnerais?... Qui donc, mon Dieu, pourrait faire un pareil sacrifice, si ça n'était pas son devoir?... Quoi! ce droit de le nommer votre fils, de le voir tous les jours, à toute heure, la joie d'accueillir ses chagrins, le consoler, pour le rendre heureux, je vous cède tout cela, et vous me demandez des preuves?

HOPKINS. Medge, vous vous oubliez!

MEDGE. Monsieur Hopkins, vous êtes riche, puissant, vous avez une réputation de saint... eh bien, je ne suis, moi, qu'une misérable femme, mais, je vous le dis ici : Fortune, crédit, vertu d'emprunt, j'ai mieux que tout cela, j'ai ce qui vous manque... du cœur... Non!... vous n'en avez pas!

HOPKINS. C'en est trop!

MEDGE, à part. Ah! malheureuse!... j'oubliais qu'il ne peut être heureux sans cet homme... et je l'ai irrité... (A Hopkins.) Ah! pardon!... grâce pour moi... pour lui... ne le punissez pas de ma colère injuste, insensée!... Non, vous ne le repousserez pas, car il est digne de votre amour, ce noble et généreux enfant... Vous le connaissez, vous l'avez vu; son nom, c'est... (Les rumeurs de la foule se font entendre au dehors, un cri perçant les domine. Alice accourt sur le théâtre, en proie à la terreur, et s'élance vers Hopkins.)

SCÈNE VI.

LES MÊMES, ALICE, ÉPHRAÏM, SOLDATS.

ALICE. Monsieur Hopkins! où est-il, mon bienfaiteur?

MEDGE ET HOPKINS. Alice!

ALICE. Oh!... près de vous... ces menaces... ces cris de mort... j'ai peur...

HOPKINS. Ne craignez rien...

MEDGE. Chère Alice... (Alice, dans son trouble, n'aperçoit pas Medge.)

HOPKINS, à Medge. Retirez-vous... (Aux soldats.) Qu'on éloigne cette femme!

ÉPHRAÏM, repoussant Medge. Allons! arrière!

MEDGE. Oh! mais je veux la voir!

ÉPHRAÏM. Arrière, vous dis-je!

MEDGE. On m'éloigne d'elle... mais je reviendrai!... (Medge est repoussée au fond, parmi le peuple.)

HOPKINS, à Alice. Remettez-vous, Alice; vous serez respectée de cette foule, de ces soldats, dont je suis le chef... (Aux soldats.) Qu'on nous laisse! (Éphraïm fait un signe, et les soldats dispersent la foule. — Alice et Hopkins restent seuls.)

SCÈNE VII.

HOPKINS, ALICE.

ALICE. Oh! milord, que de grâces à vous rendre!... Sans vous, que serais-je devenue?... Vous êtes mon seul appui!...

HOPKINS. Ah! puissé-je être assez heureux, miss, pour éloigner toujours de vous le malheur!

ALICE. Que dites-vous?

HOPKINS. Le temps presse, vous saurez tout.

ALICE. Mon Dieu! ce que je viens de voir, d'entendre... Je tremble...

HOPKINS. Un soulèvement papiste vient d'avoir lieu dans le comté d'Oxford... Une politique sévère nécessite un exemple terrible... La proscription enveloppe tous les ennemis de notre croyance... Ni le sexe ni l'âge ne seront un titre à la pitié.

ALICE. Se peut-il?

HOPKINS. Vous avez entendu la voix redoutable du peuple, qui demandait la mort pour les papistes?

ALICE. O ciel!

HOPKINS. Miss, je savais déjà la cause de votre effroi à ces clameurs vengeresses... Miss... vous êtes catholique

ALICE. Ah!... comment le savez-vous?

HOPKINS. Si du moins je l'avais appris seul... Mais vous avez été dénoncée à Cromwell.

ALICE. Ah! je suis perdue!

HOPKINS. Par bonheur, j'étais là quand cette dénonciation a été faite. (Hypocritement.) Et, pour vous sauver, miss... moi dont toute la vie est sans tache... dont toutes les actions ont été pures... pour vous sauver... j'ai fait un mensonge... J'ai déclaré que vous étiez fidèle presbytérienne!

ALICE. Ah! que Dieu vous pardonne!

HOPKINS. Mais Cromwell veut des preuves!

ALICE. Des preuves?

HOPKINS. Il en est une qui suffirait... ce serait votre union avec un de ses fidèles serviteurs.

ALICE. Ah! je suis sauvée, alors.

HOPKINS. Quoi! vous consentiriez?...

ALICE. Je suis aimée du lieutenant Edgard, l'un des plus braves soldats de l'armée des puritains; vous, monsieur, qui avez déjà été pour moi un père, vous accomplirez généreusement la tâche que vous avez entreprise en m'unissant à lui.

HOPKINS, à part. Ceci n'est plus mon compte! (Haut.) Mais, Edgard est loin de Londres, enchaîné par son devoir... Quand le succès de nos armes le ramènera près de vous, il sera trop tard, Alice... car, je vous l'ai dit, le péril est imminent! J'ai ordre de vous livrer à la justice.

ALICE, se jetant à ses genoux. Ah! grâce! grâce!

HOPKINS, la relevant. Il nous reste une ressource... une seule.

ALICE. Et laquelle?

HOPKINS. Abandonnez votre destinée à l'honneur, à la loyauté d'un des officiers en crédit près du Protecteur... Ces unions contractées sous les auspices de saints improvisés... soldats ardents à qui on a livré la Bible pour s'assurer de leurs épées... bientôt, demain peut-être, quand la tempête politique qui agite l'Angleterre s'apaisera... de telles alliances deviendront nulles... Et l'homme dont les vertus auront mérité votre confiance, libre alors de briser des liens que des lois plus sages condamneront, heureux d'avoir été pour vous, non pas un époux, mais un protecteur, un père...

acquérir alors un nouveau titre à votre reconnaissance, en vous cédant devant tous à celui que vous aimez!

ALICE. Mais, monsieur, c'est du ciel seul que peuvent venir tant de grandeur, tant de noblesse... Ce bienfaiteur puissant, digne de la confiance de Cromwell et capable d'un tel dévouement... je n'ose espérer qu'il existe...

HOPKINS. Alice... si, pour vous sauver, on doit prendre le titre de votre époux, et n'avoir que les droits d'un père... ne m'avez-vous pas déjà donné ce doux nom?

ALICE. Vous, monsieur! Ah! s'il est un homme au monde que l'on doive croire aveuglément, que l'on doive estimer au-dessus de tous... c'est vous... Medge m'avait dit elle-même de vous écouter, de vous obéir aveuglément... et cependant... (Nouveaux cris au fond.)

HOPKINS. Alice! Alice! entendez-vous?

ALICE, à part. Oh! mourir... mourir condamnée... assassinée, peut-être... Mourir et ne plus le revoir!... (Haut.) Sauvez-moi!... sauvez-moi pour Edgard!

HOPKINS. Alice, chère enfant... je vous engage ici ma foi de puritain que, dès la guerre finie, vous serez l'épouse d'Edgard... (A part.) S'il vit encore!... (Haut.) Je vais assurer votre sécurité, en annonçant à Cromwell que vous portez mon nom... Oui, à l'instant même... ici, au temple de Saint-Wilfrid...

ALICE. A l'instant même!

HOPKINS, à Éphraïm, qui a paru au fond. Mes ordres sont exécutés?

ÉPHRAÏM, s'inclinant. Tout est prêt. (Sur un signe d'Éphraïm, un détachement d'honneur s'est rangé devant la caserne; le peuple, qui a paru au fond, s'approche avec curiosité.)

ALICE. Mon Dieu!... que dois-je faire?... Mais à qui me fier, si ce n'est à lui?

HOPKINS, lui prenant la main. Venez, Alice, venez, on nous attend.

SCÈNE VIII.

LES MÊMES, ROGER.

ROGER. Un instant, s'il vous plaît... Il s'agit, je crois, d'un mariage... S'il vous faut un témoin, je vous présente Roger Thorncliff.

HOPKINS, troublé. Roger!... Que me voulez-vous?

ROGER. Je sais que, dans le trouble d'une pareille fête, on peut oublier ses admirateurs, même ceux qui sont le mieux à même de vous apprécier... Vous ne m'avez pas invité à la cérémonie, moi, pauvre tavernier... mais je m'y invite...

HOPKINS. Éloignez-vous, je ne vous connais pas!

ROGER. Je vous connais... et, pour vous faire honneur, j'ai pris la liberté d'engager un ami... Cet ami, le voici! (Edgard paraît.)

TOUS. Edgard!...

SCÈNE IX.

LES MÊMES, EDGARD, MEDGE; elle entre dans les bras d'Edgard. Hopkins, étourdi du choc, cherche à se contenir. Alice, qui a poussé un cri de joie, a saisi la main d'Edgard.

EDGARD. Oui, c'est moi!...

ROGER, à Hopkins. J'ai crevé trois chevaux pour le ramener... mais je ne les regrette pas!

EDGARD. Vous comptiez ne pas me revoir, peut-être... j'avais reçu la mission de traverser le camp des rebelles, et d'aller me jeter dans Oxford révolté... La mort était sur la route, la mort était au bout... J'allais partir, quand mes camarades, mes frères, se sont levés; ils ont voulu m'accompagner... la mission est devenue une bataille, et nous avons traversé le camp ennemi comme la foudre, en le détruisant.

ALICE. Noble Edgard!

MEDGE. Mon enfant!

TOUS. Vive le lieutenant Edgard!

ROGER. Dites le capitaine!

EDGARD. C'est le titre que l'on m'a donné sur le champ de bataille... Fier de notre victoire, je l'eusse maudite sans doute, sans ce brave homme qui est accouru me prévenir de ce qui se tramait contre mon bonheur; et je viens disputer ma fiancée au ravisseur hypocrite, qui couvre ses projets d'un masque de bienfaisance.

ALICE. Arrêtez, Edgard, cette union qui vous indigne... si je pouvais vous dire... Ah! ne troublez point, par cette injuste accusation, toute la joie que me fait éprouver votre retour!

EDGARD. Que dites-vous, Alice?

ALICE, à Hopkins. Monsieur... le voilà, cet ami que vos vœux appelaient comme les miens... Son nom, qu'il a rendu glorieux, est pour moi maintenant une protection assurée... Achevez votre ouvrage, et rendez-moi à celui que vous sembliez si heureux de me destiner pour époux...

ROGER, ironiquement. Qu'est-ce que tu dis de ça?... Oh! avec quelle douce ivresse tu vas jouir de leur bonheur, qui sera ton ouvrage!

HOPKINS. Je bénis le jour qui voit revenir le lieutenant Edgard, échappé aux périls de sa noble mission... Ma joie sera plus légitime encore, quand il m'aura montré l'ordre en vertu duquel il est revenu à Londres...

EDGARD. Cet ordre... ah! dans mon trouble... dans ma précipitation... Mais, major, après une victoire...

HOPKINS. La victoire doit donner encore de nouvelles garanties à la discipline.

EDGARD. Mais, nommé capitaine...

HOPKINS. Croyez-vous donc qu'on soit dispensé de l'obéissance, du moment où on en doit l'exemple?...

ALICE. Mon Dieu! je tremble...

MEDGE, à part. Est-ce que ça se pourrait!

HOPKINS. Capitaine Edgard, vos instructions particulières portaient que vous resteriez dans Oxford... Ce départ est une double désertion... Pourquoi faut-il que je sois forcé de remplir un devoir pénible!... C'est avec désespoir qu'à l'instant même je dois vous envoyer devant des juges... Vous avez déserté, et le châtiment de la désertion, c'est la mort!

ALICE. Grand Dieu! oh! de grâce!

MEDGE, qui a passé au fond, à Alice. Taisez-vous... et n'ayez pas peur... (S'élançant vers Hopkins.) Oh! mais c'est impossible!... (A voix basse.) Lui, mourir par votre ordre!... vous ne pouvez être son bourreau... (Mouvement d'Hopkins.) Vous parlez de devoir... votre devoir, c'est de le protéger, de le défendre...

HOPKINS. Moi, défendre un coupable?...

MEDGE. Il ne saurait l'être pour vous... Il y a des monstres pour tous les crimes... il n'y a pas de père pour ordonner l'assassinat de son enfant... Ce fils, pour qui je vous implorais...

HOPKINS. Eh bien?...

MEDGE. Le voilà! c'est lui!

HOPKINS. Lui, mon fils!

ROGER, s'approchant d'Hopkins, bas. Ce jeune homme... fais-le tuer, si tu veux... Mais, cette jeune fille, tu ne l'épouseras pas... Un envoi anonyme, un portrait de miss Alice Lindsay, tombé entre mes mains, est parvenu secrètement à Cromwell; il le met sur la trace de la fille du marquis, et dévoile d'avance tes projets... Comment trouves-tu que j'ai mené la partie?

HOPKINS, à part. Misérable!... Je n'ai plus qu'un moyen... (Haut.) Approchez, Edgard. J'ai pitié des larmes de votre mère... pour la première fois de ma vie, je vais enfreindre la loi, dont je me suis montré toujours le soutien inflexible... Mais Cromwell ne me désavouera pas... Il s'agit d'un acte de clémence... Edgard, je vous fais grâce. (Mouvement du peuple.) Et vous tous, écoutez... Mon vœu le plus cher était d'assurer l'avenir de cette jeune fille; je veux, en ce moment, devant vous, assurer son bonheur; fier de renoncer à mes droits en faveur de cet ardent défenseur de notre liberté et de notre croyance, je lui accorde la main de ma jeune protégée.

EDGARD ET ALICE. Grand Dieu!

ROGER, dans le plus grand étonnement. Ah bah!

HOPKINS. Dès demain, elle sera sa femme, et je recueille chez moi les deux époux, que j'adopte.

EDGARD. Ah! major!... (A Alice.) Mes soupçons étaient donc injustes...

ALICE. Je le disais bien.

ROGER, à part. Ce désintéressement subit, et pour un étranger... il y a encore quelque vipère sous roche... je la dénicherai... (Bas, à Hopkins.) J'avais la première manche, tu as la seconde... Je te préviens que nous jouerons la belle. (Il sort. Edgard et Alice accablent Hopkins de leurs témoignages de reconnaissance.)

MEDGE. Monsieur Hopkins, je le vois, l'avenir vengera noblement le passé.

HOPKINS. Désormais leur sort est uni au mien. (Il fait passer devant lui Edgard, qui conduit Alice, et se dirige vers le fond; puis, le désignant du geste.) Ou mon complice, ou perdu avec moi! (Suivi de Medge, il traverse entre deux rangs de soldats puritains.)

LE PEUPLE ET LES SOLDATS. Vive Hopkins! (Le rideau baisse aux cris de : « Vive Hopkins! »)

ACTE QUATRIÈME

Une salle chez le major Hopkins. Une table à droite du public. Meubles.

—

SCÈNE PREMIÈRE.

OUVRIERS TAPISSIERS, puis JONATHAN.

(Au lever du rideau, les ouvriers sont occupés à attacher des tentures. Une échelle est sur un des côtés de la scène.)

PREMIER OUVRIER. Dépêchons-nous!... Avant une heure, la signature du contrat... et, pas de pourboire si l'appartement n'est pas prêt.

DEUXIÈME OUVRIER. Ah çà! si notre nouveau camarade s'amuse comme ça... il n'y aura rien pour lui.

JONATHAN, paraissant avec un marteau et les insignes de sa profession. Un instant... présent!... Je regardais par la fenêtre, tout ce monde que le major a convoqué pour la noce... Après ça, ça ne m'étonne pas... la fille d'un lord...

PREMIER OUVRIER. Comment, la fille d'un lord... une pauvre orpheline!...

JONATHAN. Tiens... c'est vrai... (A part.) J'oubliais que je ne dois pas savoir autre chose... Au fait, ça m'a déjà porté malheur de parler... j'ai conté ça au père Norton... et, une heure après, il me mettait à la porte.

PREMIER OUVRIER. Ces portières qu'il faut attacher, et que tu as laissées là... elles ne seront jamais prêtes.

JONATHAN. Que voulez-vous!... je suis un vrai fils d'Ève, pour la curiosité... C'est même ma curiosité qui m'a fait devenir votre camarade.

PREMIER OUVRIER. Bah!

JONATHAN. La curiosité est un bien vilain défaut.

PREMIER OUVRIER. Hein?...

JONATHAN. Ne vous fâchez pas... mais vous allez voir mon guignon... Depuis quelques temps, M. Norton, mon dernier patron, s'enfermait toujours dans sa chambre, et personne n'en approchait plus... J'étais sur des charbons ardents... Au retour d'un voyage sur les bords de la Tamise, je demande le patron... «Toujours enfermé,» qu'on me dit... C'est drôle, dans la chambre d'un homme enterré depuis huit jours, il doit bien s'ennuyer... Je regarde par le trou de la serrure... qu'est-ce que je vois?

TOUS LES OUVRIERS. Quoi donc?

JONATHAN. Le dos du père Norton... qui est très-ample, sous ce point de vue... Il se retourne, et vient subitement vers la porte... je n'ai que le temps de me sauver... Il était déjà derrière moi... et v'lan!... Je n'ai pas vu ce qu'il m'a fait, mais je l'ai deviné... Cinq minutes après, je cherchais une place, chez maître Barebone, votre patron... et, en additionnant ce nouvel état avec les autres, si je sais bien compter, ça fait... (Il compte sur ses doigts.)

PREMIER OUVRIER. Eh bien, attends encore... et, si tu ne fais pas mieux ton ouvrage, ça augmentera ton addition.

JONATHAN. J'y vas, à mon ouvrage... ou plutôt, j'y monte... (Il monte à l'échelle, et attache les rideaux.) Car, avant de rentrer chez le patron... une commission que je n'ai pas eu le temps de faire encore... un paquet qu'il faut que je rapporte à mistriss Medge...

PREMIER OUVRIER. Qu'est-ce que c'est que ça? (Le deuxième ouvrier sort à droite.)

JONATHAN. Ah! c'est vrai, vous ne la connaissez pas... C'est une payse à moi... (A part.) Je ne suis pas curieux, mais j'ai vu ce qu'il y avait dedans... des choses qui ne font pas honneur à ma race... Aussi, mistriss Medge ne saura pas que je les connais... j'ai tout refermé.

DEUXIÈME OUVRIER, rentrant par la porte, à droite. Dis donc, Jonathan, il y a là un homme qui veut te parler en particulier... Il dit qu'il s'appelle Norton...

JONATHAN, sur l'échelle. Le père Norton, mon ex-patron, dont je vous parlais tout à l'heure... Dites-lui que, si je l'ai offensé, je lui pardonne... mais ma position est maintenant trop élevée...

DEUXIÈME OUVRIER. Il m'avait chargé de te remettre une guinée!... Alors je vas lui dire...

JONATHAN. Une guinée pour me voir, et il m'a mis à la porte gratis!... Je ne suis pas fier... je vais descendre jusqu'à lui... (Il a, pendant ce temps, attaché le rideau.) Voilà qui est fini!

PREMIER OUVRIER. Il était temps... voici la compagnie qui se rend dans cette salle.

JONATHAN. Oui, le futur... la mariée... Elle est plus gentille que le père Norton... mais c'est égal... s'il veut me faire souvent des visites à une guinée la pièce... je le trouverai charmant. (Il sort.)

SCÈNE II.

ALICE, EDGARD, HOPKINS, PURITAINS, JEUNES FILLES, CONVIÉS, UN NOTAIRE.

EDGARD. Merci, merci, mes amis!... Aujourd'hui, vous venez partager mon bonheur... Demain, je serai prêt à partager vos périls et votre gloire... (Montrant Alice.) N'est-ce pas que je suis bien heureux?

ALICE. Edgard, le ciel enfin prend pitié de nous. (Le Notaire est venu respectueusement s'incliner devant Hopkins.)

HOPKINS. Tout est prêt?... Bien!... (A Edgard.) C'est à vous, mon ami, de signer le premier.

EDGARD s'avance et reçoit la plume des mains du Notaire. Oh! mon Dieu, je vous remercie!... (Il va signer.)

UN DOMESTIQUE, annonçant. Le secrétaire de Son Altesse le lord Protecteur.

SCÈNE III.

LES MÊMES, LE SECRÉTAIRE DE CROMWELL, puis JONATHAN, qui s'est glissé dans les groupes.

HOPKINS, à part. Le secrétaire de Cromwell! Que me présage cette visite? (Au secrétaire.) Vous venez sans doute, milord, au nom de votre généreux maître, donner au capitaine Edgard un témoignage de son estime, en signant au contrat?...

LE SECRÉTAIRE. Je viens vous déclarer, major, que ce mariage est impossible.

ALICE ET EDGARD. Impossible?...

HOPKINS, à part. Je devine tout... Infâme Roger!...

EDGARD. Et quel motif, milord?...

LE SECRÉTAIRE. Miss... c'est à vous seule et à votre protecteur, le digne major Hopkins, que j'en dois rendre compte.

ALICE, à Edgard, qui veut s'éloigner. Restez, Edgard. (Au secrétaire.) Le capitaine est mon époux... il ne peut demeurer étranger à mon sort... rien ne pourra nous séparer.

EDGARD. Chère Alice!... (Sur un signe d'Hopkins, tout le monde se retire; pendant ce mouvement de scène, la table se trouve un instant masquée.)

JONATHAN, se trouvant un instant seul, à droite. Ça y est! je viens de faire ce qu'il m'a demandé... le père Norton; mais, si je sais où il veut en venir, que le diable m'emporte!... (Il sort avec la foule des conviés.)

SCÈNE IV.

LES MÊMES, moins LES INVITÉS et JONATHAN.

HOPKINS. Maintenant, milord, parlez!

LE SECRÉTAIRE, à Alice. Miss, une révélation inattendue nous a mis sur les traces d'un secret que nos recherches ont confirmé... Miss, votre naissance était ignorée de vous-même.. vous êtes la fille unique du marquis de Lindsay!

ALICE ET HOPKINS. Qu'entends-je!...

EDGARD. Malheur, malheur à moi!

LE SECRÉTAIRE. Cromwell doit la vie au noble marquis; dans sa reconnaissance, il a ordonné qu'on recherchât partout son sauveur... Il lui offre la liberté et un grade important dans les armées d'Angleterre, s'il veut écouter la voix de cette patrie qui le rappelle... En attendant l'heureux instant où il vous sera rendu, Son Altesse pense que cette révélation vous impose des devoirs, et ce serait les méconnaître que d'enchaîner votre avenir sans l'aveu de votre père.

EDGARD. Et moi, j'ajouterai, miss Alice, la cruelle vérité que Son Altesse a voulu épargner, sans doute, à un obscur mais loyal serviteur de l'Angleterre. Votre père, miss Alice, unissait, à d'immenses richesses, la double illustration du talent et de la naissance. La justice de Cromwell va rendre au marquis de Lindsay ou à sa famille ce que les malheurs des temps lui avaient enlevé!... Alice, fille de l'intendant Williams, vous pouviez m'appartenir... Illustre héritière des Lindsay, votre devoir est de fuir l'orphelin qui n'a dû son humble existence qu'à la charité d'une pauvre femme du peuple!

ALICE. Que dites-vous, Edgard?

HOPKINS, à part. Si je nomme mon fils... je révèle le but de ce mariage!... Impossible!...

EDGARD. Votre silence, milord, et celui du major me prouvent que j'ai compris mon devoir... Alice, l'honneur m'ordonne de renoncer à vous; ce contrat, qui assurait tout mon bonheur, c'est à moi de l'anéantir...

ALICE, vivement. Edgard!...

EDGARD, qui s'est élancé vers la table où est le contrat, et s'arrête étonné. Que vois-je!...

ALICE. Qu'avez-vous?...

HOPKINS ET LE SECRÉTAIRE. Qu'est-ce donc?...

EDGARD, prenant un papier déposé sur la table et lisant. « A ma fille, miss Alice Lindsay. »

ALICE. Un écrit de mon père!

HOPKINS. Sur cette table... comment se fait-il?

LE SECRÉTAIRE, à qui Edgard a remis la lettre. De quelque part que vienne cet écrit, je puis attester qu'il est de la main du marquis.

HOPKINS, à part. Aurait-il échappé?...

LE SECRÉTAIRE, donnant l'écrit à Alice. C'est à vous, miss, qu'il appartient.

EDGARD. C'est mon arrêt qu'elle va lire!...

ALICE. Je tremble malgré moi... (Après avoir ouvert.) « Ce 10 mai 1653...

HOPKINS, à part. Quinze jours!... Je me rassure...

ALICE, lisant. « Chère enfant... » (S'interrompant, à part.) Cette écriture... il me semble la reconnaître... Oh! je me trompe!... (Reprenant.) « Quand ce message te parviendra, ou j'aurai quitté l'Angleterre, ou je ne serai plus... »

HOPKINS, à part. Non... je n'ai rien à craindre!

ALICE. « Puisque le but du voyage secret que j'ai fait en Angleterre n'a pu être rempli... puisque je n'ai pu t'embrasser, ô ma fille!... garde du moins un souvenir à ton père... Dans ce temps de troubles et de désordres, n'oublie jamais le respect que tu dois à son noble nom... »

EDGARD. Vous le voyez, Alice...

ALICE, avec un accent que la joie ranime par degrés. « Mais que ce respect ne soit pas de l'orgueil... Dans l'époux à qui tu confieras ta vie, cherche, non pas un titre, des richesses dont le sort nous a fait connaître le néant, mais la noblesse du cœur, une honorable conduite. Pourvu qu'aucune souillure ne pèse sur l'époux que tu voudras prendre, ce choix sera d'avance approuvé par moi. »

EDGARD. Grand Dieu!

ALICE. Mon père, mon bon père... en m'unissant d'avance à mon Edgard, vous m'avez donné deux fois la vie! (Elle embrasse la lettre avec transport.) Mais Dieu ne voudra pas que ce jour, si beau pour moi, soit attristé... Il me rendra mon père...

LE SECRÉTAIRE. Oui, miss, le lord Protecteur n'épargnera rien pour retrouver le marquis.

HOPKINS. Et, pour que je puisse vous aider dans ces recherches, remettez-moi cette précieuse lettre.

ALICE. C'est étrange... Je crois pourtant me rappeler...

LE SECRÉTAIRE. Miss, Son Altesse s'est encore imposé un devoir envers vous... Les biens du marquis lui seront restitués... Par un étrange et heureux hasard, le digne major Hopkins en est devenu l'acquéreur... (Trouble d'Hopkins.) Les registres de l'État, compulsés ce matin, font mention d'un acte de vente produit par vous... Veuillez me le remettre...

HOPKINS, à part. Je suis perdu! Entre deux fatalités... la moindre...

LE SECRÉTAIRE. J'attends... major...

HOPKINS. C'est inutile... milord... en adoptant ces jeunes époux... permettez-moi d'égaliser un peu les chances de la fortune... Je remets en dot au capitaine Edgard cet acte qui constate mes droits... et je refuse d'en recevoir le prix... (Il va à un secrétaire, remet l'acte qu'il en tire entre les mains d'Edgard.)

EDGARD. Se peut-il!...

ALICE. Tant de générosité!...

EDGARD. C'est renoncer à tous vos biens...

HOPKINS. Ne serez-vous donc pas mes enfants?... (A part.) Plus que jamais cette fortune m'appartient!

LE SECRÉTAIRE. Devant une si noble conduite... ma mission devient désormais inutile... Venez, major, nous avons à régler ensemble les dispositions nécessaires...

HOPKINS. Je suis à vous... Edgard, je vous rejoindrai bientôt... (Il sort, avec l'envoyé de Cromwell, par la gauche.)

SCÈNE V.

ALICE, EDGARD.

EDGARD. Alice, chère Alice... qui donc a pu vous apporter ce message béni?... Alice, vous ne répondez pas... d'où vient cette rêverie profonde? Alice... répondez, de grâce!...

ALICE. Ah! pardonnez-moi, Edgard... c'est que, malgré moi, une pensée dévorante... Cette écriture de mon père, qui vient de retracer ses dernières volontés à mes yeux... elle les avait déjà frappés... il y a peu de temps... j'en suis certaine... Attendez... oui, oui... je me souviens... je dois posséder encore ce précieux dépôt.

EDGARD. Que dites-vous?...

ALICE, tirant rapidement de son corsage des tablettes, qu'elle ouvre. Oui, oui... plus de doute... c'est bien là l'écriture que je viens de voir!... Edgard, ce vieillard que j'ai rencontré le soir de mon arrivée à Londres, il y a huit jours, sur les bords de la Tamise, et qui m'avait montré un si touchant intérêt...

EDGARD. Eh bien?

ALICE. C'est le marquis de Lindsay!

EDGARD. Se peut-il?... Alors, nous pouvons retrouver sa trace...

ALICE. Attendez... que je me rappelle encore... Oh! oui, il était inquiet... sa vie était en danger... c'est cela... un proscrit!... Il avait rendez-vous avec un inconnu qui est survenu peu de temps après...

EDGARD. Et cet inconnu... vous l'avez vu, sans doute?

ALICE. Il faisait nuit... son costume d'ailleurs le déguisait... mais une dernière exclamation de mon père m'a appris... Attendez... oh! ma tête... ma tête...

EDGARD. Achevez...

ALICE. Ah! mon père est mort... mon père a été assassiné!...

EDGARD. O ciel!

ALICE. Cet homme portait à sa main un anneau qu'il lui a présenté; c'était l'anneau de Cromwell...

EDGARD. L'anneau de Cromwell!

ALICE. Oh! je l'ai entendu. Si cet homme avait été réellement envoyé par Cromwell, qui nous protége aujourd'hui, mon père ne me serait-il pas déjà rendu, libre et puissant?... Eh bien, puisque cet homme n'était pas le sauveur de mon père! puisqu'il l'a trompé, ce ne pouvait être que pour le perdre!

EDGARD. Ces lignes peuvent nous guider... « Voyez, cher Norton... » Norton... un nom! on peut chercher. Et vous n'avez pu voir de quel côté ils se sont dirigés tous deux?

ALICE. Non... ils ont disparu à mes yeux... dans l'ombre... Ah!... je ne reverrai plus mon père!...

EDGARD. Grand Dieu! mais, si ces lignes sont l'écriture du marquis... l'acte qu'on m'a remis à l'instant n'a pas été tracé par lui... (Comparant avec l'acte.) Ce n'est pas la même main... non... (Apercevant Hopkins.) Hopkins!

SCÈNE VI.

ALICE, EDGARD, HOPKINS.

HOPKINS. Alice, nos amis vous attendent.

ALICE. Cette émotion d'Edgard... (Hopkins reconduit Alice.)

EDGARD, à part. Ces lignes m'ont abusé peut-être... Mais le testament du marquis peut m'éclairer et me convaincre... c'est cela...

SCÈNE VII.

HOPKINS, EDGARD.

HOPKINS. Comme il me regarde!... Allons, de l'assurance... il ne peut avoir de preuves...

EDGARD, avec intention. Major Hopkins, permettez-moi de lire une fois encore cette lettre qui renferme les dernières volontés du marquis. (Mouvement d'Hopkins.) J'ai besoin de me persuader que tout ce qui m'arrive est réel. Je ne puis croire à tant de bonheur!

HOPKINS, avec embarras. Cette lettre... je ne l'ai plus...

EDGARD, à part. Mensonge!... Il ne voulait pas me laisser ce témoignage... tout est confirmé...

HOPKINS. J'ai dû envoyer au Protecteur cet écrit qui justifie le droit que j'ai pris de vous rendre heureux.

EDGARD. Vous avez raison, monsieur, vous ne sauriez apporter trop de précautions à conserver auprès de Cromwell cette réputation qui vous a mérité sa confiance... Car, vous le savez, Cromwell peut aller au delà de la justice... l'échafaud de Charles Ier est là pour le prouver... Rester en deçà, jamais!

HOPKINS. Que voulez-vous dire?

EDGARD. Je veux dire que toute sa faveur passée serait pour vous un titre d'implacable proscription... si on venait lui dire: « Milord, vous avez été trompé; cet austère puritain, qui s'est voué en apparence au bien, à la défense de ses frères... n'est qu'un fourbe hypocrite... »

HOPKINS. Edgard...

EDGARD. Qui, modeste aux yeux de tous... dévoré secrètement d'une ambition honteuse, pour arriver à la fortune, n'a pas craint de commettre un vol...

HOPKINS. Mais à qui donc s'adressent ces étranges paroles?... est-ce au bienfaiteur?...

EDGARD. Vos bienfaits!... Mais cette libéralité mensongère n'est qu'une restitution...

HOPKINS. Comment!...

EDGARD. Une restitution forcée!... après un vol infâme!... Cet acte est faux!...

HOPKINS. Il sait tout!...

EDGARD. Et, s'il faut mieux vous convaincre, j'en appellerai au témoignage du secrétaire de Son Altesse. (Il va pour sortir, Hopkins l'arrête.)

HOPKINS. Arrêtez!... arrêtez... Edgard!... (A part.) Je n'hésite plus... (Haut.) Eh bien, oui, cet acte a été écrit par moi... Le marquis s'exilait, ses biens allaient être acquis à l'État pour être revendus à vil prix... Une tentation infernale... Ah! c'est une grande faute, sans doute... mais, grâce pour moi, Edgard... Je voyais peser à la fois sur ma tête la vieillesse et la misère!...

EDGARD. Et vous avez préféré l'infamie?...

HOPKINS. Ah! je serais sans excuse... si ma faute n'avait dû profiter qu'à moi seul!... Mais ce n'est pas pour moi que je suis devenu criminel...

EDGARD. Que signifie?...

HOPKINS. J'ai un fils, Edgard, un fils dont je suis inconnu, un fils que j'avais abandonné... Mais j'avais résolu de le rappeler à moi, de lui rendre mon nom, de lui faire partager mon sort, si je pouvais un jour être heureux!... Edgard, c'est à ce fils de m'absoudre du crime que je n'ai commis que pour lui...

EDGARD. Vous avez un fils abandonné... et vous vouliez lui rendre un nom coupable avec une fortune dérobée?... Ah! soyez meilleur père, monsieur... Que ce fils ne vous revoie jamais; laissez-lui l'obscurité pour l'ennoblir et le travail pour le purifier...

HOPKINS. Ainsi, tu es inexorable?... Mais tu ne sais donc pas que, moi que tu accuses... je n'ai qu'un mot à te dire pour te faire trembler!... qu'un geste à faire pour te perdre!... Mais j'ai besoin que tu vives... Toi! me dénoncer à Cromwell!... Tu n'arriverais pas jusqu'à lui... Tu ignores donc que je suis dépositaire de son pouvoir... Tiens, regarde... (Il ôte son gant.) Connais-tu ce cachet, ces armes?...

EDGARD, avec la plus grande émotion. Celles du Protecteur...

HOPKINS. C'est son anneau, signe tout-puissant de sa confiance...

EDGARD. Son anneau!...

HOPKINS. Seul, après lui, j'ai le droit de le porter.

EDGARD. Seul!... (A part.) O justice divine!...

HOPKINS. Sais-tu que ce talisman terrible peut jeter la mort sur tes pas?... Sais-tu qu'à l'aspect de cet anneau... la prison s'ouvre et l'échafaud se dresse?...

EDGARD. Oui, pour les assassins!... Mon Dieu, je te remercie! En cet instant, tu me rends digne d'Alice, puisque tu me permets de punir le bourreau de son père!...

HOPKINS, à part. Que dit-il?...

EDGARD. Hopkins, le marquis de Lindsay a péri victime de meurtriers inconnus... L'homme qui l'a trompé et conduit dans un piége infâme, c'était toi!... Car, pour l'attirer, le misérable lui a montré l'anneau de Cromwell... cet anneau que seul, après lui, tu as le droit de porter, et qui, tu l'as dit, n'a pas quitté ta main!...

HOPKINS, à part. Qui a pu lui apprendre?...

EDGARD. Les crimes se cachent en vain à la lumière du jour; dans la nuit où ils se sont réfugiés, un éclair vengeur les relève... Hopkins, plus de grâce, plus de pitié!...

HOPKINS. Mais écoute... (Il veut saisir la main d'Edgard.)

EDGARD. Assassin! ne touche pas mes mains! Je ne t'entendrai plus que devant tes juges, et rien ne m'empêchera d'y arriver!

HOPKINS, éclatant. Eh bien, va donc!... je ne te retiens plus!... Puisque tu as si bien deviné quel nom coupable doit révéler ta dénonciation... c'est à moi de t'apprendre de quel nom flétri tu dois la signer!

EDGARD. Du nom d'un homme d'honneur... L'obscur nom d'Edgard suffira...

HOPKINS. Non pas Edgard seulement... mais Edgard Hopkins!...

EDGARD. Edgard Hopkins!...

HOPKINS. Je suis ton père!...

EDGARD. Vous?...

HOPKINS. Va me faire expier sur l'échafaud ce crime dont tu m'accuses!... Ce crime reste à jamais dans ton sang!...

EDGARD, qui était tombé anéanti sur une chaise, se relevant tout à coup. Non! c'est impossible!... Mensonge que tu me jettes pour te sauver!...

HOPKINS. Mensonge! Viens donc demander à ta mère adoptive, qui, hier encore, me suppliait pour toi... viens!

EDGARD. Medge! Oh! il est donc vrai?

HOPKINS. Tu le vois donc... quel que soit le passé, tu me dois le secret qu'ont payé, pour toi, une fortune et la possession de celle que tu aimes!

EDGARD, tombant dans un fauteuil. Une fortune, la possession d'Alice... Oh! oui, oui! je suis bien votre fils, je n'en puis plus douter: pour me donner tout cela, il fallait bien que j'eusse à vos yeux le seul titre qui pût vous assurer la complicité de mon silence...

HOPKINS, à part. Il ne parlera pas!

EDGARD, avec un accent sombre et terrible. Mais avez-vous pu croire que j'accepterais le prix de ce silence qui pèse sur moi?... Moi!... partager avec vous les dépouilles d'Alice!... Moi, lui donner un nom infamant, la conduire aujourd'hui à l'autel, demain peut-être à votre exécution!...

HOPKINS. Mais tais-toi... tout est ignoré...

EDGARD, au comble du délire. Mais, vous-même, ne me rappelez pas que vous existez... vous qui êtes venu souiller mon bonheur, briser mon avenir... vous qui êtes venu m'entourer de vos bras, qui laissent une empreinte de sang!...

HOPKINS, reculant devant Edgard. Edgard!

EDGARD. Ah! tenez, quand je pense que c'est vous qui m'accablez de tant d'opprobre et de désespoir; que vous seul m'imposez cet abominable secret... tenez, ma raison s'égare... et je sens que, malgré moi, une effroyable pensée de vengeance... (Il s'approche d'Hopkins.)

HOPKINS. Malheureux! sur ton père!...

EDGARD. Ne l'avez-vous pas dit?... le crime est dans mon sang!...

HOPKINS. Edgard, reviens à toi... J'expierai à force de dévouement...

EDGARD, sanglotant. Mais ne pouviez-vous donc pas me tuer avant ce jour maudit?... Oh! la mort!... la mort sur un champ de bataille!... Oh! n'est-ce pas, mes frères d'armes, que vous ne me mépriserez pas?... Ce n'est pas ma faute, à moi, si je suis le fils de cet homme!... N'est-ce pas que vous daignerez encore me recevoir dans vos rangs pour y tomber?... Vous permettrez que ce sang déshonoré coule encore pour la patrie, et que ce cœur flétri reçoive la balle qui menacera l'un de vous!...

HOPKINS. Edgard... tu entendras...

EDGARD. Rien! Je pars à l'instant... sans revoir Alice, sans embrasser ma mère!... La douleur me rend ingrat, insensible!...

HOPKINS. Edgard!...

EDGARD. Ah! ne me suivez pas!... je vous maudirais!... (Il sort précipitamment par une des portes de gauche.)

SCÈNE VIII.

HOPKINS, puis MEDGE.

HOPKINS, seul. Il m'échappe... il ne m'écoute plus... je ne puis empêcher ce départ... Avec lui, le danger s'éloigne. Ce mariage, qui nous assurait à tous deux la fortune d'Alice, ce mariage est rompu... Mais elle ne soupçonnera rien de la vérité, elle ne verra plus Edgard... Et quand l'excès de sa douleur se calmera, simple et crédule, elle continuera de se confier à moi... Oui... j'ai au moins du temps, et du temps, pour un homme habile, c'est la victoire!...

MEDGE, entrant. Pardonnez, monsieur Hopkins... c'est moi...

HOPKINS, brusquement. Que voulez-vous?... (Avec une douceur composée.) Approchez, bonne Medge.

MEDGE. D'avance, j'étais allée prier au temple, en attendant les mariés... mes enfants. Tout à coup, les invités ont quitté votre hôtel... et on est venu me dire que le mariage était rompu... par ordre du Protecteur... Est-ce que c'est possible?...

HOPKINS. Non!... c'est-à-dire... en effet... ce mariage est retardé... suspendu...

MEDGE. Mais pourquoi?

HOPKINS. Rassurez-vous.

MEDGE. Edgard... Ah! monsieur laissez-moi le voir...

HOPKINS. Le voir... en ce moment?

MEDGE. Ah! tant que je l'ai cru heureux, je ne voulais plus le contempler que de loin... mais, maintenant, je veux la moitié de ses chagrins.

HOPKINS. Soit... Tout à l'heure je vous ferai appeler bonne Medge. (A part.) Il va partir... (Haut.) Allez... (Medge reste.) Que voulez-vous encore?...

MEDGE. C'est que, dans mon trouble, j'oubliais... Oh! à présent c'est inutile... vous avez été si généreux, si noble... les preuves de la naissance d'Edgard... qui m'ont été envoyées. (Elle tire un papier de sa poche.)

HOPKINS, vivement. Elles peuvent m'être utiles... Donnez, donnez!... (A part.) Je ne puis prêter trop de force au seul lien qui empêche Edgard de me perdre... (Haut, à Medge.) C'est bien... dans un moment... il sera là... je vous ferai prévenir...

MEDGE, remontant au fond et jetant les yeux du côté de l'appartement d'Alice. Pauvres enfants!... qu'ils doivent souffrir... Si je pouvais les voir tous les deux!

HOPKINS, qui a parcouru le papier que Medge vient de lui remettre. Juste ciel!... (Il lit.) « Moi, Catherine Ashburnam, prête à paraître devant Dieu, je déclare que l'enfant qui porte le nom d'Edgard est bien le fils de Medge Jephson, et non celui qu'on lui avait confié... Je lui ai fait croire, par vengeance, à la mort de son propre enfant... quand, seul, le fils de l'étranger avait succombé... Que Dieu pardonne à qui se repent et répare sa faute!... » (Parlé.) Et, plus bas... (Il lit.) « Un double de cette déclaration est déposé chez le shériff du canton. Edgard n'est pas mon fils!... et il possède tous mes secrets!... il n'est pas mon fils, il l'apprendra tôt ou tard!... (Appelant.) Medge!

MEDGE, qui était restée au fond, timidement. Je sors, je sors, monsieur...

HOPKINS. Non, approchez!... Cet écrit, d'où vous vient-il?

MEDGE. Il m'a été adressé de Norwich, dans un paquet; et le fils de la nourrice d'Edgard a reconnu qu'il devait m'appartenir et me l'a rapporté.

HOPKINS. Et ce papier, vous l'avez lu?

MEDGE. Je ne sais pas lire...

HOPKINS. Vous l'avez fait voir à quelqu'un?...

MEDGE. Oh! à une seule personne, une connaissance d'Edgard, qui était près de moi au temple quand Jonathan me l'a remis...

HOPKINS. Et cette personne, vous la nommez?...

MEDGE. Roger Thorncliff, le tavernier des Sept-Cadrans... Oh! un si brave homme!

HOPKINS, à part. Damnation!... (Haut.) Et qu'a-t-il dit, alors?...

MEDGE. Il a dit... qu'il comprenait tout...

HOPKINS. Rien de plus?

MEDGE. Il a ajouté: « Puisqu'il existe un double de cette déclaration... porte ceci à l'honorable major Hopkins... ça changera peut-être bien des choses... »

HOPKINS, vivement, et à part. Il n'a point parlé... Tout peut se réparer encore!... (Il s'élance à une table, écrit rapidement quelques lignes.) « Une fois obéi, j'accorderai tout ce que tu demanderas... Viens à l'instant!... » (A un domestique qui paraît.) A Roger Thorncliff, à la taverne voisine... partout où il se trouvera... Hâtez-vous!...

MEDGE. Mais comme vous êtes ému!... Est-ce que ce papier contenait autre chose?...

HOPKINS. Non, au contraire... cet écrit ne peut que resserrer les liens qui m'enchaînent à Edgard... Oh! désormais je ne le quitte plus... (A part.) que je n'en sois délivré...

SCÈNE IX.

ALICE, MEDGE, HOPKINS, puis EDGARD.

MEDGE, à Edgard, qui paraît. Edgard, pourquoi ce trouble, cette pâleur?

EDGARD. Je pars!...

MEDGE. Partir!... Et Alice?...

EDGARD. Je renonce à elle; plus de mariage.

ALICE. Que dites-vous?... votre raison s'égare... Mais qui donc s'opposerait encore?...

EDGARD. Je ne puis répondre.

ALICE. Vous voulez donc ma mort?...

MEDGE. Et le malheur de votre mère?...

EDGARD. Ah! laissez-moi partir... par pitié, laissez-moi...

HOPKINS, à part. Partir... et Roger ne vient pas... (Haut.) Edgard, du moins, cette nuit encore...

EDGARD. Pas un instant de plus.

HOPKINS. Restez, Edgard, je le veux... Vous ne sortirez pas.

SCÈNE X.

LES MÊMES, ROGER THORNCLIFF.

ROGER. Et moi, je vous dis qu'il sortira...

HOPKINS, à part. Roger contre moi!... Il refuse... je suis perdu!

ROGER. S'il vous faut un asile, jeune homme, j'arrive à propos... Je vous en offre un jusqu'à demain... (Medge et Alice s'approchent d'Edgard, et cherchent à le ramener.)

HOPKINS, à part. Accepterait-il?

ROGER, à Hopkins. J'ai reçu ton billet. Prends cette clef; à onze heures, ce soir, je t'attends. (A Edgard.) Venez, vous trouverez accueil et sûreté à la taverne des Sept-Cadrans.

HOPKINS. Ah!

ACTE CINQUIÈME

Une salle intérieure et secrète de la taverne des Sept-Cadrans. Excavation au fond. Portes latérales, deux à gauche du public, une à droite. Fenêtre au fond, plus à droite. Au lever du rideau, des vêtements et des effets de différente nature sont pêle-mêle sur le théâtre.

SCÈNE PREMIÈRE.

BLETSON, PARTRIDGE, BANDITS, en costume de matelots.

BLETSON, à Partridge. Tout est bien fermé, au moins?

PARTRIDGE. Tout... la moindre lueur ne peut être aperçue du dehors, le moindre bruit ne peut être entendu... Les paisibles locataires qu'on suppose habiter ici sont tous livrés au sommeil.

BLETSON, désignant les hardes. Tu es sûr de ne rien oublier dans notre magasin?

PARTRIDGE. J'y ai dû adjoindre notre propre défroque, puisque maintenant nous avons revêtu ces costumes, par ordre de Roger.

BLETSON. Et tu as fait prévenir Déborah, la revendeuse?

PARTRIDGE. Elle entrera par la petite cour, du côté de la Tamise... mais, pourvu qu'elle n'aille pas, dans la hâte où nous sommes, nous payer en fausse monnaie!

BLETSON. Oh! je m'y connais... sois tranquille... mon père en faisait... Du bruit... c'est Roger!

SCÈNE II.

LES MÊMES, ROGER, entrant par la gauche.

ROGER. Le butin tout apprêté... C'est bien!

BLETSON. Nous diras-tu, enfin, pourquoi tu nous as fait mettre ces costumes?

ROGER. Parce que vous l'avez demandé!... Ne voulez-vous pas quitter Londres?... Ce départ va devenir nécessaire, après le coup qui nous est commandé pour cette nuit.

BLETSON. Commandé... par qui?

ROGER. Par un homme puissant, qui met à notre disposition un bâtiment qui est là, mouillé près du rivage, sous cette fenêtre... Vous y remplacerez l'équipage. (Il entr'ouvre la fenêtre; on voit la Tamise éclairée par la lune, et un bâtiment à l'ancre.)

BLETSON. Oui.... mais on ne s'embarque pas sans biscuit...

ROGER. Soyez tranquille; il sera ici, lui-même, dans une heure; il apportera des provisions.

BLETSON. Et quel est l'homme qui l'offusque?

ROGER. Un jeune capitaine de l'armée anglaise, que j'ai amené avec moi... Un garçon à qui d'abord je m'étais intéressé... mais, cette fois, il s'agit de la liberté, de la fortune... Les affaires avant tout... Hâtons-nous... Le major croit que, depuis une heure, ses ordres sont exécutés. (On frappe.) Qui peut frapper, à cette heure, à la grande porte?

BLETSON. A cette heure, nous n'attendons que Déborah!

ROGER. Va voir, Pratridge, avant d'ouvrir.

BLETSON. Mais ce n'est point à cette entrée qu'elle devait frapper...

ROGER. Le soir, elle n'a pas toujours les idées très-nettes... et, tiens... la voici!

SCÈNE III.

LES MÊMES, MEDGE.

MEDGE, entrant précipitamment par la gauche. Monsieur Roger...

TOUS. Une inconnue!...

ROGER. Maudite femme!

MEDGE, à part. Ces figures me font peur!

ROGER, bas aux bandits. La mère du capitaine... point d'inquiétude... Faites disparaître ces haillons, et qu'on me laisse seul avec elle. (Les Bandits sortent et emportent les hardes.)

SCÈNE IV.

ROGER, MEDGE.

ROGER. J'étais loin de m'attendre à votre visite, ma bonne mistriss; je faisais une affaire avec ces braves marins qui vont mettre à la voile... (Bas.) Quelques vins de France passés en contrebande.

MEDGE, préoccupée. Edgard est ici?... Monsieur Roger, il faut que je le voie!...

ROGER. Ça sera difficile... car, sans doute, à cette heure, épuisé par les émotions de la journée... il s'est endormi...

MEDGE. Mais j'aurais voulu...

ROGER. Impossible! Revenez demain matin; pour le moment, la grande entrée est fermée, mais, au bas de l'escalier, une petite porte... vous appuierez le doigt sur le ressort... la porte se refermera d'elle-même... Adieu.

SCÈNE V.

LES MÊMES, EDGARD, paraissant par l'autre porte de gauche.

EDGARD. Eh bien, Roger, j'attends toujours!

MEDGE. C'est lui!

ROGER. Pas moyen de les séparer!

EDGARD. Je ne soupçonnais pas l'existence de cette partie de votre taverne... Ciel! Medge ici!

ROGER, à part. Après tout, Medge ne sait rien. Pas de violence ni de victime inutiles... (A Medge.) Ne le retenez pas longtemps... (Il sort par la droite.)

SCÈNE VI.

MEDGE, EDGARD.

EDGARD. Ah! mon Dieu! donnez-moi le courage dont j'ai besoin.

MEDGE. Edgard, je viens ici de la part d'Alice...

EDGARD. Alice!...

MEDGE. En proie au désespoir, elle ne peut comprendre l'abandon dont tu viens de la frapper...

EDGARD. Je vous l'ai dit, ne m'interrogez pas...

MEDGE. Sa douleur, c'était de l'égarement... Elle m'aurait suivie... mais elle avait un dernier devoir à remplir...

EDGARD. Un devoir?

MEDGE. Oui... Elle a couru, seule, en désordre, chez un M. Norton, à qui elle devait annoncer une grande nouvelle... J'ai voulu l'interroger... mais... agitée... délirante... elle ne m'a répondu qu'une chose... « Ramenez Edgard, que je le revoie ici, à mon retour... ou bien je n'ai plus qu'à mourir!... »

EDGARD. Il fait quelques pas. Mourir!... Oh! mon Dieu!... (Il s'arrête.) Non, non, je n'irai pas!

MEDGE. Mais tu n'as donc plus de cœur?...

EDGARD. Il est brisé...

MEDGE. Tu n'aimes donc plus Alice?...

EDGARD. Croyez-le si vous voulez... Mon malheur est tel, que ce soupçon même ne peut l'accroître...

MEDGE. Oh! mon Dieu! ce jour qui pouvait être si beau, faut-il que ce soit pour moi un jour de douleur et de honte!...

EDGARD. De honte!... oh! pas pour vous...

MEDGE. Si... car il faut que je rougisse de toi... J'avais deux enfants à chérir... je n'en aurai plus; ton égoïsme va me faire renier l'un et va tuer l'autre... Que s'est-il passé entre le major et toi?... Ah! je tremble de le deviner... Sa générosité était un nouveau piége... Il t'aura rappelé qu'Alice n'est qu'une pauvre orpheline, abandonnée, misérable...

EDGARD. Mais Alice ne vous a donc pas dit?...

MEDGE. Elle ne m'a parlé que de toi et de son amour... mais tu es le fils de cet homme.

EDGARD. Toujours son fils!

MEDGE. Et tu repousses la pauvre jeune fille que tu devais chérir toujours. Eh bien, ces richesses... ce nom d'Hopkins, quand je te croyais un honnête homme, je voulais te laisser tout cela! et, de ma part, c'était du courage!... Mais ta fortune, qui devait servir au bonheur de celle qui t'aime, te rend méchant et ingrat... je ne veux plus que tu sois riche... je ne veux plus que tu portes le nom d'Hopkins.

EDGARD. Et puis-je rejeter, hélas! le nom de mon père?...

MEDGE. Ton père!... Et s'il ne l'était pas?...

EDGARD. Que dites-vous?...

MEDGE. Si tes parents n'étaient que de pauvres gens du peuple... qui n'ont même pas pu te léguer ce qu'ils avaient, la probité du cœur!

EDGARD. Achevez!... ah! achevez et ne m'outragez pas... car, après, vous en seriez bien malheureuse!...

MEDGE. Que dit-il?... Cette joie!...

EDGARD. Achevez! car, si cet espoir est brisé encore, il y va de ma raison... de ma vie...

MEDGE. Eh bien, ces preuves de ta naissance, sans les connaître, je les ai portées au major... Il n'a pas voulu me les rendre... mais j'ai été trouver Jonathan, qui me les avait remises, et il m'a avoué que, voyant sur le paquet l'écriture de sa mère... il avait regardé... il avait lu...

EDGARD, avec anxiété. Mais quoi donc?...

MEDGE. Il avait lu que, des deux enfants confiés à Catherine Ashburham, celui qui était mort, c'était l'enfant remis par Hopkins... que celui qui avait survécu... c'était, c'était...

EDGARD, avec explosion. C'était votre enfant!... (Se jetant dans les bras de Medge.) Ma mère!... Ah! Dieu de bonté!... je puis parler... Fils d'Hopkins, je ne pouvais épouser Alice! je ne pouvais la flétrir de ce nom qu'il m'avait jeté!... car ce nom est celui d'un faussaire et d'un assassin!

MEDGE. Grand Dieu!...

EDGARD, avec énergie. Oui! Hopkins a volé les biens du marquis de Lindsay!... Hopkins l'a assassiné!... Mais, rassurez-vous, ma mère... à présent, du bonheur pour tous... la justice pour ce misérable!... Plus d'inquiétudes, plus de larmes... Maintenant, je ne vis plus que pour vous, pour mon Alice!... Vous le voyez... votre fils a toujours été digne de vous.

MEDGE. Mon Edgard! c'est bien toi... je te retrouve... toujours le même... Oh! non, ce n'est plus la même chose! Quand tu n'étais que mon enfant d'adoption, Edgard, ma tête n'avait de pensée, mon cœur n'avait de battements que pour toi... je ne ressentais que tes peines, je ne jouissais que de ton bonheur; je vivais de te voir... je serais morte de te perdre... et je croyais que je t'aimais... Folle!... Mais je ne t'aimais pas... mais ce n'était rien auprès de l'amour d'aujourd'hui... Maintenant, cet amour, il est dans mon sang, dans mes entrailles!... maintenant, cet amour... c'est moi... moi tout entière... Non, je n'existais pas, je n'avais rien connu... je ne ressentais rien... je n'étais pas mère!...

EDGARD, l'embrassant encore. Oh! mon ange gardien!... mais à moi de venger la victime!... Je cours chez Hopkins... j'ai le droit de l'accuser, à présent!...

MEDGE. Arrête, Edgard! moi vivante, tu ne rentreras pas cette nuit chez ce misérable!...

EDGARD. Ma mère!

MEDGE. Tu as tous ses secrets, et il sait maintenant que tu n'es pas son fils... Cet homme est tout-puissant... il te tuerait... Edgard, tu n'iras pas... Moi, il ne se doute pas que je l'ai vu... Je cours chercher Alice, je la ramène au point du jour près de toi, chez l'homme qui t'a donné tant de preuves de dévouement... demain, tu parleras et je ne craindrai plus!...

EDGARD. Vous voulez?...

MEDGE. Reste, te dis-je... par pitié, laisse-moi partir... seule; je me reproche mon bonheur quand Alice m'attend... Alice, qui se croit toujours délaissée...

EDGARD. Oui, courez, ma mère, et soyez bénie!

MEDGE. Au revoir, mon Edgard!... A demain, à demain, et à toujours!... (Ils s'embrassent et Medge sort par la gauche; Roger paraît au fond.)

SCÈNE VII.

EDGARD, ROGER THORNCLIFF.

ROGER. Votre mère qui s'éloigne?... (Il la regarde partir.)

EDGARD. Oui... vous avez raison de le dire... ma mère.

ROGER. Mais vous paraissez bien joyeux!...

EDGARD. Ah! c'est que... c'est que j'ai appris des choses...

ROGER, à part. Je n'aurais peut-être pas dû la laisser sortir... (Bruit d'une porte au dehors.) Trop tard... la porte s'est refermée.

EDGARD. Roger, vous prendriez part à mon bonheur si vous le connaissiez... Mais tant d'émotions ont brisé mes forces...

ROGER. Oui, reposez-vous... c'est le plus sûr... (A part.) pour nous... (Ouvrant une porte latérale.) Là... une chambre où vous serez tranquille, et... isolé...

EDGARD. Je vous remercie, Roger, et à demain.

ROGER, à Edgard. Hopkins ne peut tarder... Assurons-nous que tout est prêt... (Il sort par l'excavation du fond; Edgard, par la chambre latérale de droite. Obscurité complète. La scène reste vide un instant. Musique mystérieuse et pressée. Medge, pâle et effrayée, rouvre la porte par où elle était sortie.

SCENE VIII.

MEDGE. Hopkins!... C'est lui, je l'ai vu, je l'ai reconnu... J'allais sortir, et je cherchais ce verrou, dans la nuit... Tout à coup la porte s'agite, s'ouvre... Un homme paraît... déguisé... Mais un rayon de la lanterne sourde qu'il portait a éclairé sa figure... Oh! je l'ai bien reconnu!... Je m'étais reculée dans l'ombre... il a fermé, sans me voir, la porte à double tour... Mais je ne voulais plus sortir... Mon fils est au milieu d'assassins... ils me tueront avec lui... Où est-il?... comment le retrouver?... Dans cette obscurité, où me diriger?... Ah! pourvu que mes forces ne m'abandonnent pas!... Mon Dieu, mon Dieu, soutenez-moi!... soutenez-moi!... Oh! là... là... (Elle entre à gauche dans une chambre latérale d'où elle a vu sortir Edgard.)

SCÈNE IX.

HOPKINS, ROGER, BLETSON, PARTRIDGE et LES BANDITS, MEDGE, cachée.

HOPKINS. Vous êtes en retard d'une heure... ce devrait être déjà fait.

ROGER. Un instant... nous n'avons pas réglé nos conditions... et, cette fois, ce sera donnant, donnant.

HOPKINS. Parle... que veux-tu?

ROGER. D'abord... des passe-ports pour moi et mes associés...

MEDGE, reparaissant. Il n'y est plus!

HOPKINS, lui donnant des papiers. En voici...

MEDGE. La voix d'Hopkins!...

ROGER. Ensuite, une récompense qui nous dédommage de tout ce qu'abandonne, à Londres, la bande des étouffeurs...

MEDGE, à part. Les étouffeurs!... Malheureux Edgard!

HOPKINS. Tu connais la main de Cromwell?... Voici un blanc-seing de lui.

ROGER. Pour quelle somme?

HOPKINS. Tu la fixeras toi-même.

ROGER. Ce bon est payable à Londres?

HOPKINS. Non, après la disparition d'Edgard; le séjour de Londres, demain, pourrait vous être dangereux...

MEDGE, à part. Les misérables!

HOPKINS. Dans quelques instants, vous serez embarqués; au point du jour, arrivés à Gravesend, où le commissaire d'amirauté devra vous payer la somme... Te défierais-tu de moi?... N'avons-nous pas maintenant trop de secrets l'un à l'autre?

ROGER. C'est vrai...

HOPKINS. Vous êtes en mesure...

ROGER va à l'excavation, fait mouvoir le ressort; deux énormes boiseries garnies de ferrures se rapprochent et remplissent l'excavation; puis elles se séparent, et une trappe s'ouvre au-dessous. En mesure?... Tiens, vois!

MEDGE, qui a passé au fond à droite, toujours à part. Pour Edgard, cette mort affreuse?...

HOPKINS. Maintenant, où est Edgard?

ROGER. Chose promise, chose due... (Désignant la porte.) Dans cette chambre... J'ai su lui soustraire ses armes à son arrivée.

MEDGE, à part. Oh! mon fils! mon fils!

HOPKINS. Eh bien, suis-moi donc!

MEDGE, qui s'est traînée le long du mur en s'appuyant de ses mains, se dresse contre la porte au moment où Hopkins va en franchir le seuil. D'une voix terrible. Tu ne passeras pas!

TOUS. Medge!...

MEDGE. Assassin du marquis de Lindsay, tu ne toucheras pas à Edgard!

HOPKINS. Encore cette femme!

MEDGE. Oui, moi, toujours, pour te disputer sa vie, comme je t'arrachais son bonheur!... Ah! seule je t'avais compris, Hopkins! Seule, quand tous s'inclinaient devant toi, ma conscience te maudissait!... Un peuple entier peut méconnaître un monstre qui se déguise à ses yeux... mais une mère devine toujours l'assassin de son fils!

HOPKINS. Malheureuse! Puisque, comme lui, tu sais tout, comme lui, tu mourras!... Qu'on la saisisse!...

MEDGE. Pas avant de le sauver! (Courant vers la chambre d'Edgard, tournant la clef de la porte.) Edgard... fuis, fuis, mon Edgard... on veut t'assassiner!...

EDGARD, paraissant. Ma mère!... ma mère!... Arrière, infâmes assassins!... (On saisit Edgard et Medge et on les entraîne vers l'excavation.)

HOPKINS. Qu'ils soient précipités tous deux dans le gouffre qui a déjà englouti tant de victimes!

BLETSON. Arrêtez!... Une lueur... des pas dans le caveau!...

ROGER. C'est impossible! Ceux qui ont seuls connu l'entrée de ce caveau n'en sont jamais sortis!

SCÈNE X.

LES MÊMES, LINDSAY, ALICE, SOLDATS derrière eux avec des torches.

LINDSAY, l'épée à la main, pâle, la figure cicatrisée, le bras en écharpe, la jambe enveloppée. Excepté moi!

HOPKINS. Lindsay!

TOUS. Lindsay!

LINDSAY. Oui, Lindsay, qu'un miracle de Dieu a sauvé!... Lindsay, qui a repris son épée et qui vient, au nom de Cromwell, te demander la tienne!...

HOPKINS. C'est fait de moi!

MEDGE, à Edgard et Alice. Mes enfants!

ROGER, bas, à Hopkins. J'ai un moyen de fuir... Au vaisseau! (Au moment où les Bandits font un mouvement, le vaisseau s'engloutit. — Détonation.) Englouti!... J'y suis!... Nous étions en retard d'une heure!... Voilà donc le salut que tu nous préparais!... Allons, pour périr, je change d'élément... mais, cette fois, tu nous tiendras compagnie! (Il pose la main sur l'épaule d'Hopkins. — Des soldats, sur l'ordre de Lindsay, les entourent. — Medge, Alice et Edgard forment un groupe d'un autre côté. — La toile baisse.)

www.ingramcontent.com/pod-product-compliance
Lightning Source LLC
LaVergne TN
LVHW020637110826
845149LV00004B/1243